KB173726

「마음」

을 알면 물건이 팔린다

카게 코지 鹿毛康司 지음
박재영 옮김

지 Jisangsa
상사

KOKORO GA WAKARU TO MONO GA URERU written by Koji Kage
Copyright © 2021 by Koji Kage All rights reserved.

Originally published in Japan by Nikkei Business Publications, Inc.
Korean translation rights arranged with Nikkei Business Publications, Inc.
through EntersKorea Co.,Ltd

이 책의 한국어판 번역권은 (주)엔터스코리아를 통해 저작권자와 독점 계약한 지상사에 있습니다.
저작권법에 의하여 한국 내에서 보호를 받는 저작물이므로 무단전재와 무단복제를 금합니다.

시작
하며

"비즈니스 세미나에 다니거나 내 나름대로 책도 읽어가며 공부하지만 잘 안 됩니다."

"어떻게 해야 매출을 늘릴 수 있을까요?"

"마케팅 프레임워크를 따라 하는데도 성과가 나오지 않는 이유는 무엇일까요?"

이러한 상담을 누누이 받아왔다. 상담을 의뢰한 사람 중에는 실제로 점포에서 상품 및 서비스를 판매하는 사람도 있는가 하면 인터넷 판매에 특화된 사람도 있었다. 마케터뿐만 아니라 영업, 광고, 홍보, 상품 개발 등 다양한 부서의 직장인, 세무사나 변호사를 비롯한 전문직 등 업계와 업종, 연령과 상관없이 수많은 사람이 '생각처럼 매출이 늘지 않는다'며 고민한다.

이야기를 들어보면 열심히 노력해서 성실하게 마케팅 수법을 실천하지만 아쉽게도 성공하지 못한다는 사실을 알 수 있다. 마케팅 사고를 따라 행동하면 어느 정도의 성과는 나온다. 하지만 좀처럼 크게 히트하지는 못하는 것이 실정이다.

이 상황을 어떻게 벗어나야 할까? 시행착오를 거듭한 끝에 '고객의 마음을 아는' 것이 돌파구가 된다는 결론을 내렸다. 마케팅 이론이나 수법은 고객의 마음을 알아야 비로소 유용한 도구가 될 수 있다. 그래서 나는 이 주제에 어울리는 세미나를 열기로 했다. 실제로 세미나를 통해서 고객의 마음이라는 새로운 관점을 갖게 된 사람들이 계속 비즈니스를 성공시켰다.

그럼 어떻게 해야 고객의 마음을 알 수 있을까?

사람은 논리적으로 행동하지 않는다. 본인은 논리적으로 행동한다고 인식한 순간에도 '마음'이 어떠한 영향을 받는다. 골치 아프게 자기 스스로도 그 사실을 인식하지 못한다. 유감스럽게도 여러분이 알고 있는 마케팅 수법이나 도구를 사용해 봤자 마음을 찾을 수 없다. 기존의 체계화된 마케팅 이론이 가장 잘하는 것은 어디까지나 본인도 아는 '감정'이나 '의식'이다. 인간의 행동 중 95%는 무의식에 지배당한다는 정설이 있는데, 자신이 깨닫지 못하는 마음은 본인도 설명할 수 없다. 마케팅 프레임워크는 늘 이 잠재적인 마음의 이해라는 숙제를 안고 있다.

이러한 행동에 영향을 주는 '마음의 포인트'를 마케팅 세계에서는 '인사이트(insight)'라고 부른다. 최근 기업 사이에서 고객 시점이 중시되어 특히 주목받고 있는 키워드인데, 인사이트를 이끌어내는 수법은 아직 확립되지 않은 것이 현실이다.

나는 오랫동안 마케팅과 관련된 일에 종사한 동시에 크리에이터 업무에도 힘써 왔다. 2020년까지 선전부장으로 재직한 생필품 제조회사인 에스테는 광고비로는 경쟁 기업을 도저히 이길 수 없었다. 적은 광고비를 들어 에스테의 광고를 톱클래스로 끌어올리려면 창의력이 필요했다. 솔직히 말하자면 그렇기 때문에 크리에이터가 되어야만 했다.

마케터와 크리에이터의 겸무는 주위에서도 별로 들어본 적이 없는 희귀한 경력이다. 크리에이터는 〈마음에 호소하는 '무언가'〉를 형태로 만드는 일을 한다. 그래서 필연적으로 사람의 마음을 살피며 그 인사이트를 이끌어내는 작업을 해 왔다. 꾸

준한 작업의 반복이지만 그 덕분에 인사이트를 찾는 '근육'을 단련할 수 있었다. 그렇게 해서 찾아낸 인사이트를 마케팅과 융합시켰을 때 큰 성과를 얻는 경험을 했다.

마음에 대한 설명은 자칫 추상적이 되기 쉽다. 이를 피하기 위해서라도 이 책에서는 최대한 구체적인 사례를 많이 들어서 독자 여러분이 실무에 반영시킬 수 있는 발상법을 배우는 내용이 되도록 유의했다. 소개하는 사례는 내가 에스테의 선전부장으로 담당한 광고 제작 무대 뒷이야기나 기업의 커뮤니케이션 시책이 중심이지만 마음의 중요성이 광고 제작에 한정된 이야기는 아니다. 부디 이 사례들의 밑바탕에 깔린 마음을 감지해 보기 바란다. 자신의 일을 떠올리며 읽어 보면 분명히 어떤 힌트를 얻을 것이다.

제1장에서는 행동에 영향을 주는 '마음의 포인트'— 인사이트와 마케팅의 관계에 관해서 설명한다. 제2장에서는 인사이트를 전제로 한 마케팅 시책의 실제 사례와 그 성과를 소개한다. 제3장부터는 인사이트를 어떻게 발견해서 독창적으로 승화하는지를 구체적인 사례와 함께 설명한다. 좀더 실천적인 주제로써 마케팅 조사의 한계를 돌파하는 노하우(제3장), 인사

이트를 찾는 방법(제4장), 인사이트를 사용하면 무슨 일이 일어나는가(제5장), 기업 이념의 중요성과 활용 방법(제6장), 마케터로써 창의력을 대하는 방법(제7장)을 논한다. 또한 최종장에서는 〈'마음'의 커뮤니케이션〉을 주제로 고객과의 유대 관계를 만드는 비결을 알려 준다.

  사람은 이론이 아닌 마음으로 움직인다. 이 책이 여러분의 일을 크게 전진시키는 데, 일조한다면 그보다 더 기쁜 일은 없을 것이다.

카게 코지(鹿毛康司)

차례
C O N T E N T S

시작하며 · 005

마케팅이란
'마음'이다

마케팅을
뛰어넘다

이 책을 선택한 여러분은 '제품을 팔기' 위해서 다양하게 노력해 왔을 것이다.

'제품의 지명도를 올리고 싶다.'
'제품의 장점을 많은 사람에게 알리고 싶다.'
'브랜드를 확립하고 싶다.'
'새로운 고객을 얻고 싶다.'
'변환율을 높이고 싶다.'

이런 바람을 실현하기 위해 많은 사람이 마케팅을 공부해서 실무에 활용하려고 도전한다. 마케팅은 시대와 함께 변화해 왔다. 일찍이 물자가 부족하고 정보도 한정적이었던 시대와 온갖 상품이 세상에 넘쳐나 정보의 바닷속에 있는 현재에는 마케팅에 대한 생각이 크게 달라졌다. 여러분이 알다시피 인터넷의 보급으로 비즈니스 실정뿐만 아니라 개개인의 생활 방식이 크게 변화하고 있다.

기업이 고객을 단순히 '제품을 파는 상대'로 보는 시대는 끝났다. '일개 생활자'로서 개개인에게 시선을 돌려 그 마음과 생각을 소중히 다뤄야 한다. 그중에서도 고객 이해에 대한 중요성이 주목받고 있다. 고객이 직접 깨달은 요구에 그치지 않고 고객도 모르는 '마음'까지 이해해서 고객의 만족을 창조하는 시대가 되었다.

제1장에서는 먼저 마케팅의 기본 원칙인 '4P 이론'과 'STP 분석'에 대해서 소개하겠다. 이는 물건이 없었던 시절과 기업이 고객을 '관리하는 대상'으로 생각한 시절에 만들어진 마케팅의 프레임워크다.

현재도 널리 쓰이는 편리한 도구지만 고객의 마음에 접근할 때는 한계도 나타난다. 4P 이론이나 STP 분석에는 어떤 한계가 있을까? 그 점을 이해해서 '마음을 아는 것'의 중요성을 명확히 하고 싶다.

》마케팅의 출발점 '4P 이론', 'STP 분석'

마케팅의 유명한 프레임워크 중 하나로 '4P 이론'이 있다. 1960년대 전반 미국의 경제학자인 에드먼드 제롬 매카시(Edmund Jerome McCarthy)가 주장한 다음 네 가지 요소의 이니셜을 따서 만들어진 이름이다.

- Product(프로덕트 : 제품)
- Price(프라이스 : 가격)
- Place(플레이스 : 유통)
- Promotion(프로모션 : 판매 촉진)

이 프레임워크를 사용하면 마케팅 시책을 시행할 때 무엇을 해야 하는지 빠짐없이 생각할 수 있다. 또한 제품, 가격, 유통, 판매 촉진에 있어 각 전략의 정합성도 검토할 수 있기 때문에 매우 편리한 도구다.

'4P 이론'이 탄생한 1960년대는 시장에 출시된 상품이 적은 시대였다. 그래서 판매자 시점에 따른 시책으로 성과를 충분히 올릴 수 있었다. 그러나 1970년대가 되자 시장에 상품이 넘

쳐나기 시작한다. 소비자는 다양한 상품 중에서 자신의 마음
에 든 물건을 선택해 구입하게 된다. 그 결과 소비자를 분석하
는 일이 필수가 되었다. 그때 등장한 방법이 'STP 분석'이다. 다
음 세 단어의 이니셜을 따서 'STP 분석'이라고 불렸다.

- 세그먼테이션(Segmentation=어떤 속성의 고객이 있는가)
- 타기팅(Targeting=어떤 고객을 대상으로 할 것인가)
- 포지셔닝(Positioning=어떤 가치를 인식시켜야 하는가)

이는 '어떤 시장이 있는가'를 분석해서 '어떤 고객을 대상으
로', '어떤 가치를 전해야 하는가'를 생각하자는 전략이다. 이른
바 고객 관리의 생각이 만들어졌다. 4P를 생각하기 전에 이
STP를 검토해서 더욱 전략적으로 마케팅 활동을 전개하자는
프레임워크다.

'4P 이론'이나 'STP 분석'은 지금도 여러 분야에서 활용되고
있다. 나도 평소에 일할 때 사용할 기회가 있다. 그런데 시대의
변화와 함께 고객을 분석하는 방법이 크게 달라지고 있다. 고
객을 무기질적인 존재로 파악해서 관리하려고 하지 않고 좀더
'살아있는 사람'으로 주목하자는 생각이다. 실제 사례를 토대

로 설명하겠다.

　고등학생을 대상으로 하는 어떤 사업을 시작하려고 한 사장과 대화했을 때의 일이다.

　"고등학생을 예측할 수 있습니까?"

　내가 이렇게 질문하자 사장은 "확실히 예측할 수 있습니다"라고 대답했다. 데이터 분석을 거듭해서 어떤 고등학생에게 서비스를 판매하고 또 어떤 가치를 인식시킬 것인지 결정했다고 한다.

　STP의 관점에서 말하자면, 그 사장의 대답은 백점 만점이다. 하지만 나는 갑자기 궁금해져서 다시 질문했다.

　"사장님, 그 고등학생이 어떤 식으로 말하는지 상상할 수 있습니까? 무엇을 고민하는지 알 수 있습니까? 평소에 어떤 생활을 하고 어떤 인생을 꿈꾸는지 예측할 수 있습니까?"

　노골적인 질문이었지만 사장은 진지하게 듣더니 곧 뭔가를 깨달았다. 'STP 분석'을 근거로 해서 대상으로 삼은 고등학생을 깊이 이해했다고 생각했으나 거기에 있는 것은 실제로 살아 있는 고등학생이 아니었다.

이처럼 체계적인 마케팅 수법을 구사해서 고객을 분석하고 이해했다고 생각하지만 알고 보면 '살아있는 존재로써의 고객'을 잘못 파악하는 일은 매우 흔하다. '4P 이론'이나 'STP 분석'에 문제가 있는 것은 아니다. 분석한 사람의 성격이 차가워서도 아니다. 마케팅 수법이 모든 것을 해결한다고 보고 일을 진행했을 때 사람은 자기도 모르는 사이에 고객을 '살아있는 존재'가 아니라 무기질적인 데이터 덩어리로 전환해서 이해했다고 생각하게 된다.

그런 사례를 흔히 본다.

예를 들면 '타깃'이라는 단어는 원래 군사용어다. 직역하면 '표적'이라는 뜻이다. 무의식중에 고객이 돈을 내게 하는 '표적'으로 취급하는 경우가 일어나기 쉽다. 마케터가 마음을 잊고 '4P 이론'과 'STP 분석' 등의 수법만 따른다면 자신은 그럴 생각이 없더라도 고객을 자신에게 유리한 존재로만 취급하는 일이 놀랍지 않을 거다.

나는 이 점을 깨달았을 때 '고객'이라는 말을 쓰지 않기로 했다. 사용한 시점에서 고객을 자신과 멀리 떨어진 존재인 '먹잇감'으로 취급하는 자세가 되기 때문이다. 손님이 눈앞에 있든 말든 고객이라고 부르지 않으며 '세그먼테이션', '타기팅', '포지셔닝'도 최대한 다른 말로 바꿔서 사용한다.

'어떤 시점에서 판로를 찾으면 새로운 손님이 있을까?'
'어떤 손님을 기쁘게 하면 좋을까?'
'손님에게 무엇을 인식시켜야 할까?'

등 이런 식으로 말한다.

지금은 테크놀로지의 진화와 함께 마케팅이 큰 변혁의 시대에 돌입했다. 새로운 마케팅이 수많은 실무가와 연구자 사이에서 끊임없이 개발되고 있으며, 좀더 살아있는 사람에게 다가가는 접근법도 소개되고 있다.

그러나 이렇게까지 진화한 마케팅도 고객의 마음을 밝히지 못했다. 고객의 마음을 이해하는 것이 중요하다는 점을 알면서도 누구나 활용할 수 있는 수법이나 도구는 아직까지도 개발되지 않았다.

≫ 마음 깊숙한 곳에 있는 '무언가' — 인사이트가 사람을 움직인다

현재 마케팅 세계에서 '인사이트'라는 개념이 주목받고 있다. 소비자 인사이트, 고객 인사이트라고 불리기도 한다. 직역하면 '통찰', '매사를 확인하는 힘'이라는 뜻인데, 마케팅 세계에서는 '사람을 움직이는 숨은 심리', '무의식적으로 행동을 불러일으키는 심리' 등의 의미로 쓰인다.

2004년 미국의 길거리에 복잡한 숫자 문제를 올린 익명의 옥외 광고가 등장했다. '{e의 값 중 처음 연속하는 10자리의 소수}.com'이라고 쓰여 있기만 한 무미건조한 간판이다. 이 간판을 본 이과계 학생은 풀지 않고는 못 배기는 충동에 사로잡혀 맹렬하게 풀기 시작한다. 정답인 '7427466391.com'에 접속하면 거기에는 다른 문제가 게재되어 있고 또다시 풀면 미국 구글의 구인광고라고 판명되는 장치였다.

당시 구글은 지금만큼 유명하지 않고 우량기업이라는 인식을 심어 준 것도 아니었다. 그러나 인간의 심리를 꿰뚫어서 최고 수준의 두뇌를 지닌 학생들의 구인 활동에 성공했다. 이는 '우수한 학생 구함, 고액 급여 보증' 등 매우 일반적인 구인 광고에서는 도저히 못하는 일이었다. 이것이야말로 인사이트를 이용한 통쾌한 사례라고 할 수 있겠다.

전국의 서점 직원이 '올해 가장 팔고 싶은 책'을 선정하는 '서점 대상'이라는 이색적인 문학상도 인사이트를 꿰뚫은 접근법의 좋은 사례다.

어떤 세미나에서 이 서점 대상을 기획한 중심인물이기도 한 시마 고이치로 씨(하쿠호도 집행임원, 하쿠호도 케틀 이사)와 대담했

마케터 '시점'의 변화

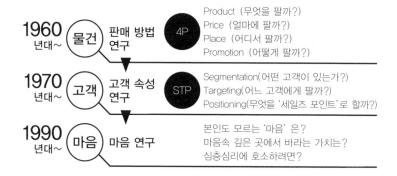

마케터 시점은 시대에 따라 변화해 왔다. 1960년대에 '4P 이론'이 만들어져서 판매 방법에 대한 연구가 진행되었다. 1970년대에 등장한 'STP 분석'은 고객 속성을 분석하는 프레임워크다. 그러나 그것만으로 고객의 '마음'을 이해하기에는 부족했다. 그래서 1990년대 이후에는 고객 이해에 대한 연구가 중요한 주제가 되었다.

다. 시마 씨는 당시 잡지 '광고'의 편집장으로 서점을 방문하던 중이었는데, 출판 불황에 대한 현장의 문제의식을 몸소 느꼈다고 한다. 또한 '나였으면 나오키 상에 그 작품은 선정하지 않는다'는 서점 직원들의 말을 반복적으로 듣고 어떤 책이 재미있는지 물어보면 모르는 작품이 계속 나와서 깜짝 놀라기도 했다는 경험을 들려줬다.

시마 씨는 직접 보고 들은 발언 속에 '나라면 좀더 좋은 책을 고를 수 있다', '나에게는 좀더 팔고 싶은 책이 있다'라는 서점 직원들의 인사이트를 발견하고 서점 대상이라는 기획을 이끌어냈다. 이 상이 성공해서 세상에 '○○ 대상'이라며 모방하는 기획이 연이어 등장했지만 그 무엇도 서점 대상만큼 성공하지는 못했다. 그 이유는 사람들의 인사이트를 꿰뚫는 과정을 거치지 않았기 때문이다. 아무리 형태를 그럴싸하게 모방하더라도 그 근간에 '마음'이 없으면 비슷해 보이나 전혀 다른 것이 되고 만다.

》》 사람은 논리가 아닌 '마음'으로 움직인다

사람은 반드시 합리적인 행동을 한다고 할 수는 없다. '행동

의식을 빙산에 비유하면

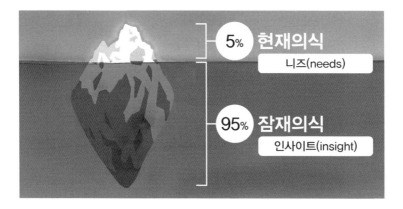

5%	현재의식
	니즈(needs)

95%	잠재의식
	인사이트(insight)

인간의 생각이나 행동은 5%의 현재의식과 95%의 잠재의식으로 이루어져 있다. 사람은 반드시 합리적으로 판단해서 상품을 구입하지 않는다.

경제학'은 심리학 식견을 이용해서 그 구조를 밝히려고 한다. 과거 15년 동안 3건의 노벨 경제학상 수상자를 배출한 주목받는 분야로 일본에서도 관심이 높아졌다. 행동경제학은 기존의 경제학이 전제로 해 온 '사람은 자신의 이익을 최대화하기 위해서 합리적인 행동을 한다'라는 생각을 부정한다. 사람은 반드시 '싸고 좋은 물건'을 선택한다고 할 수 없으며 '잘못된 평가와 직감'에 따라 판단하는 경우도 꽤 있다. 이 행동경제학의 식견은 마케팅의 '인사이트'와 매우 비슷하다.

사람은 놀랍게도 논리적인 행동을 하지 않는다. 마음에 드는 물건을 구입할 때도 마음속 깊은 곳에 자리하는 '무언가'가 영향을 준다. 뇌(腦)과학의 지견에 따르면 인간의 생각과 행동은 5%의 현재의식과 95%의 잠재의식으로 이루어져 있다고 한다. 즉 자신은 '살 이유가 있다'고 굳게 믿어도 실제로는 마음속 깊은 곳에 잠재하는 '무언가'가—인사이트가— 영향을 줄 때가 많다. 또 이 무언가는 기존의 마케팅 수법으로는 찾을 수 없다. 본인이 자각한 이유와 욕구, 감정이 아니라 본인도 모르는 '마음'에 다가가야 하기 때문이다.

》》 이론을 거듭해도 인사이트에 이르지 못한다

하지만 '마음'에 다가가기란 쉽지 않다. 사람은 자신의 인사이트도 언어화하기 어렵다.

나는 현재 사회인을 위한 MBA 취득 프로그램을 전개하는 글로비스 경영대학원의 교수로서 '마케팅'을 가르치고 있다. 어느 날 수강생들에게 'MBA를 취득하려고 하는 이유'를 물어봤더니 다음과 같이 대답했다.

'앞으로 경영을 하고 싶어서'

'마케팅 관련 업무를 하고 싶어서'

'조금이라도 앞으로 나아가고 싶어서'

'자신에게 필요한 기술을 습득하고 싶어서'

'뜻이 있는 동료를 찾고 싶어서'

'평생 일할 수 있는 자신감을 갖고 싶어서'

'인정받고 싶은 사람이 있어서'

그다음으로 사전에 준비한 'MBA에 온 것을 환영합니다'라는 소개 동영상을 보여줬다. 그러자 수강생들은 어이없는 표정을 지었다. 그 동영상에서는 자신들이 조금 전 말한 '이유'가 환영

'MBA에 온 것을 환영합니다'라는 소개 동영상에는 수강생이 상상하는 '니즈'가 포함되어 있다. 이런 니즈는 기존의 수법으로도 쉽게 상상할 수 있지만 마케팅 아이디어의 비결은 되지 않는다.

메시지에 포함되었기 때문이다.

사실 그들이 말한 'MBA를 취득하려고 하는 이유'는 인사이트가 아니다. 군이 말하자면 체계화된 마케팅 수법을 이용할 경우 쉽게 찾을 수 있는 '니즈'에 해당한다. 누구든지 상상할 수 있는 대신에 이 정도를 알아도 마케팅 아이디어의 비결은 되지 않는다.

그럼 MBA 취득의 인사이트는 무엇일까? 마음속을 들여다보려면 그 나름대로의 각오가 필요하다. 자존심을 버리고 알고 싶지 않았던 진심, 무시하고 싶은 한심한 자신과 직면하는 용기도 필요하다. 당연히 시간도 든다. 자신도 모르는 마음속 깊은 곳에 있는 '무언가'가 없는지 다시 한번 생각해 보라고 숙제를 내줬다.

어느 정도 시간이 흐른 후 수강생에게서 메일이 왔다.

'일은 순조롭고 앞으로도 더욱더 성공하고 싶습니다. 하지만 마음속 깊은 곳에서는 이대로 성과를 계속 낼 수 있을지 강한 불안을 느낀다는 사실을 깨달았습니다.'

'사회인으로서 나름대로 경험을 쌓고 거듭 노력해왔다고 자부합니다. 하지만 어딘가 자신감이 없는 제 자신도 있는데, 필사적으로 그 사실을 무시해 온 기분이 듭니다.'

'조금 시간이 흐른 뒤 내가 있을 자리가 필요하다는 말이 머릿속에 떠올랐습니다.'

이것이야말로 인사이트다. 수강생들은 사회에서 우수한 직장인이며 콤플렉스와는 인연이 없는 것처럼 보인다. 주위 사람들이 부러워하는 위치에 있는 사람이 대부분을 차지한다. 그래도 인간이기에 반드시 약한 부분이 있어서 남한테 말하고 싶지 않고 자신도 평소에는 무시하는 부정적인 생각이 있다. 그 약점을 찾았기 때문에 마음속 깊은 곳에 잠자고 있던 '무언가'가 떠오른 것이다.

》 마케팅이란 '고객을 상대하며 기쁨을 제공하는 것'이다

나는 마케팅이란 '고객을 상대하며 기쁨을 제공하는 것'이라고 생각한다.

'기업은 그런 봉사 활동을 하는 곳이 아니다'

'매출을 늘려야 하는데, 정신론은 도대체 무엇인가'

그런 식으로 생각한 사람도 있을지 모른다. 그러나 '고객을 상대하며 기쁨을 제공하는 것'은 절대로 봉사 활동이 아니다. 고객이 기뻐했을 때 고마운 마음이 생겨나고 그 고마움이 대금으로 지불된다.

매출은 확실히 '고객을 기쁘게 한 총량'이다. 경우에 따라서는 급하게 필요해서 상품을 사줄 때도 있다. 그러나 본심으로 만족하지 못한 고객은 두 번 다시 그 상품이나 서비스를 사주지 않게 된다고 생각한다.

기업이 이익을 내는 것은 중요하다. 그럼 이익은 무엇을 위해서 필요한가? '고객을 기쁘게 하는 활동'을 계속하기 위해서 필요하다고 생각한다. 기업은 고객을 기쁘게 해야 비로소 존속할 수 있다는 대전제가 있다.

이를 이해하면 일하기 쉬워진다. 팀 멤버와 공통으로 인식하면 서로가 나아가야 하는 방향이 명확해진다. 어느 연구직에 있는 사람은 '마케팅이라는 생각 아래서 연구를 하느냐 마느냐에 엄청난 차이가 있다고 깨달았다'고 말했다.

'오랫동안 영업을 해왔기에 내가 고객에 대해 잘 알고 있다고 확신했지만 좋은 의미에서 생각이 뒤집혔다'며 초조해하는 사람도 있다. '디자인의 방향성이 명확해져서 일하기 쉽고 창의적인 아이디어가 계속 생겨난다'는 디자이너도 있었다.

'마음'의 이해는 기존의 일을 쉽게 할 수 있을 뿐만 아니라 예측하지 못한 사태를 벗어나는 힘도 된다. 기존의 마케팅 수법이나 프레임워크를 사용한 데이터 드리븐(data driven)은 '일어난 일'을 파악하고 연속성이 있는 변화에 대한 예측을 잘한다. 반대로 말하자면 돌발적인 변화에는 대응하지 못한다는 약점이 있다. 아무리 예산을 들이고 방대한 빅 데이터를 축적했다고 해도 처음 일어나는 일은 추측하지 못한다.

이를테면 '신형 코로나바이러스 감염증이 확대되는 가운데 비즈니스를 어떻게 전개해야 할까?'라는 질문 등이 가장 좋은 예다. 아무도 답을 몰라서 감으로라도 앞으로 나아가야 하는 상황에서 길도 없는 곳을 비추는 랜턴이 될 수 있는 것은 자기 자신의 '마음'이다.

여러분은 지금까지 다양한 삶을 살아왔을 것이다. 성공한 적도 있지만 실패와 좌절을 경험한 적도 있지 않은가? 자랑할 수 있는 일이 있는가 하면 인간으로서의 약한 부분이나 콤플렉스도 있을 것이다. 이런 경험과 그때 느낀 점을 신중하게 파고들어 가면 고객의 마음에 닿는 주파수를 찾을 수 있다.

결코 자신의 '호불호'를 우선적으로 생각하는 것이 아니다. 또 '진심을 담으면 통한다'는 정신론도 아니다. 자신의 이기심은 봉인하고 어디까지나 고객의 마음속 깊은 곳에 다가간다. 그곳은 기존의 마케팅 수법이나 프레임워크에 의지해도 이를 수 없는 잠재의식이 지배하는 장소다. 수면 위로 나온 빙산의 일각이 아니라 수면 아래 깊이 숨어들어 그 심층심리 속에서 사람을 움직이는 무언가를 찾아내 그 부분을 향해 애정을 담아 해결책을 제시한다. 이것이야말로 현대에 필요한 마케팅의 바람직한 자세다.

앞에서 말한 'MBA 취득 동기'에서도 알 수 있듯이 자신의 마음 포인트를 찾는 것만도 절대 쉬운 일이 아니다. 하물며 수많은 고객을 움직여서 기쁘게 하는 마음 포인트를 찾는 일은 어떻게 해야 할지 몰라 망연자실하는 사람도 있을 수 있다.

이 책에서는 자신의 '마음'을 사용해서 고객의 '마음'에 닿는 주파수를 찾아내고 마음에 닿는 마케팅과 창의력을 만들어내는 방법을 소개한다. 훈련을 거듭하면 누구든지 할 수 있다. 오히려 일반적인 '마음'을 가진 사람이 사용할 수 있는 수법이다. 터득하면 최대의 무기가 되고 잘 사용하면 마케팅의 관점이나 창의력 관점에서도 일상의 업무에 좋은 영향을 준다. 서둘러 다음 장부터 마케팅 현장에서 어떻게 고객의 '마음'을 찾아내서 마케팅 활동에 반영하는지 실제 사례와 함께 소개하겠다.

유례없는 위기를
극복하는 '마음' 마케팅

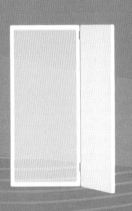

빅 데이터를
뛰어넘다

　기존의 마케팅 수법을 뛰어넘어 '고객의 마음'을 깊이 이해하려면 어떻게 해야 할까? 빅 데이터 등 최신 마케팅 수법을 이용하면 될 것이라고 생각하는 사람도 있을지 모른다.

　확실히 최근에는 다양한 분야에서 빅 데이터를 적극적으로 활용하고 있으며, 마케팅도 예외는 아니다. 인터넷 계열 서비스의 이용 데이터나 계산대에서 얻은 POS(판매시점 정보 관리) 데이터 등에 축적된 방대한 고객 데이터를 확보해 분석하면 고객의 행동과 구입 이력을 알 수 있다. 이제는 시장의 움직임과 고객 니즈의 변화를 실시간으로 따라갈 수 있는 시대가 되었다.

　하지만 여기서 주의해야 할 점은 빅 데이터가 어디까지나 '이미 일어난 일'의 궤적을 따라가는 것에 지나지 않는다는 점이다. 과거에서부터 이어지는 연속적인 변화에는 대응할 수 있지만 돌발적이고 연속적이지 않은 변화는 예측할 수 없다. 정해진 패턴 또는 변화의 징조처럼 보이는 것을 밝혀낼 수는 있어도 세상의 급격한 변화에는 대응하지 못한다.

자신을 둘러싼 세계가 어느 날 갑자기 달라지면 최신 마케팅 수법도 믿지 못하게 된다. 2020년부터 시작된 신종 코로나바이러스 감염증의 확대다.

》》 코로나 재앙 속 입시학원의 수강생이 전년 대비 1.5배나 증가한 이유

나는 도호쿠 지방을 중심으로 초·중·고생을 위한 입시학원 '베스트 개별 학원'을 전개하는 Global Assist(센다이)라는 회사의 마케팅 지원을 담당하고 있다. 이 회사는 동일본 대지진이 일어나기 2년쯤 전에 설립되었으며, 현재는 약 100군데를 운영 중인데, 6천 명이 넘는 아이들이 다니고 있다. 2020년 2월 아베 신조 총리(당시)의 요청으로 시작된 '전국 전면 휴교'는 학원업계에도 큰 영향을 미쳤다. 베스트 개별 학원의 수강생 수

도호쿠 지방을 중심으로 운영하는 입시학원 '베스트 개별 학원'은 2020년 5월에 '괜찮아'라는 메시지를 전하는 TV 광고를 방송에 내보냈다. 수강생 수는 전년도 동월 대비 1.58배로 늘어났다.

는 2020년 3월 시점에서 전년도 동월 대비 37%가 줄어들었고 그해 4월은 전년도 동월 대비 58%로 대폭 감소했다.

혹독한 상황이 계속되는 가운데 나는 Global Assist의 이세키 다이스케 사장에게 상담을 받아서 다음과 같은 메시지를 전하는 TV 광고를 제작했다.

초·중·고생 여러분
지금 여러 가지로 불안할 거예요.
그래도 괜찮아요.
이번 여름에 만회합시다.

온 힘을 다해 응원하겠습니다.

베스트 개별 학원

코로나 재앙으로 이런저런 제한 속에서 TV 광고를 제작한 탓에 칠판에 분필 글씨와 내레이션뿐인 간단한 영상이 고작이었다. 그래도 방송 시작과 함께 큰 반응을 불러일으켜서 2020년 5월 수강생 수는 전년도 동월 대비 1.58배로 깜짝 놀랄 만한 숫자를 기록했다. 왜 이렇게 성과가 즉시 나타났을까? 여기에는 이유가 있다.

사실은 신종 코로나바이러스가 유행하기 전에 새로운 TV 광고를 제작해서 방송만 앞둔 단계였다. 그 광고는 '이번 여름에는 발돋움하자'라는 메시지를 전하는 내용이었고 내가 제안한 TV 광고와는 전혀 달랐다. 완성된 TV 광고를 버리고 새로 제작한 것이다.

이 TV 광고의 제작 과정을 토대로 고객의 마음에 다가가는 방법을 생각해 보자.

지금까지 입시학원의 어필 포인트라고 하면 '성적 향상 실적', '적당한 수강료', '입학금 무료', '체험 가격' 등이었다. 여러분도 이런 메시지가 적힌 학원 전단지나 포스터, TV 광고 등을 본 적이 있지 않은가? 코로나바이러스가 유행하기 전에 제작된 TV 광고도 그런 어필 포인트를 전달하는 내용이었다. 그러나 신종 코로나바이러스 감염 확대로 입시학원을 둘러싼 환경이 싹 달라졌다.

전국 전면 휴교로 아이들은 어쩔 수 없이 자택에서 대기한다. 학교에서는 숙제 프린트만 보내주고 세심한 지도는 기대할 수 없다. 부모들도 익숙하지 않은 재택근무와 온라인 회의 대응에 쫓겨서 아이들을 돌볼 여유가 없다. 게다가 언제 누가 신종 코로나바이러스에 감염될지 모른다는 불안도 늘 따라다닌다. 한 치 앞도 알 수 없는 생활 속에서 아이들의 스트레스는 쌓여가기만 한다.

'친구가 보고 싶다.'
'남들보다 공부가 뒤처지면 어쩌지?'
'동아리 활동은 어떻게 되는 걸까?'
'수학여행은 못 가는 건가?'

불안과 스트레스가 폭발할 것 같은 것은 아이들뿐만이 아니다.

'아이가 게임만 한다.'

'공부하는 티가 전혀 안 나는데 괜찮을까?'

'집에 아이가 있으면 일을 못 하겠다.'

부모들의 짜증도 한계에 다다랐다. '한시라도 빠른 등교 정상화를 바란다'라는 절실한 메시지가 트위터 타임라인에도 넘쳐났다.

여러분이 학원 경영자라면 이런 상황에서 어떤 광고 시책을 고려할 것인가? 기존의 마케팅 수법대로 시책을 생각하면 이런 아이디어가 떠오를 것 같다.

'학교가 휴교 중이니 학원에서 공부하자.'

'이곳에 오면 이해할 수 있다.'

'강사가 확실히 지도해서 성적을 올릴 수 있다.'

'친구와 만날 수 있다.'

또한 신종 코로나바이러스 감염이 염려되는 사람들을 위해서 이런 메시지를 내세울 수도 있다.

'원격으로도 공부할 수 있는 체제를 갖췄습니다.'

'신종 코로나바이러스 감염 대책으로 손 씻기와 가글, 교실 소독을 철저히 하고 있습니다.'

수업에 참석할 수 있는 학생 수를 제한하고 비말 방지 보드를 설치한다. 자리 간격을 둔 사회적 거리두기 등도 어필 포인트가 될 만하다. 이런 것은 다 고객의 니즈에 맞춘 '마케팅적으로 올바르다'고 하는 메시지다. 실제로 수많은 학원이 이런 관점을 토대로 해서 TV 광고나 전단지, 디지털 광고, 자사 홈페이지를 사용해 어필하기 시작했다.

한편 나는 이런 메시지를 하나도 채용하지 않았다. 아이들과 부모가 호소하는 '걱정거리'는 다 진실이지만 그들을 움직이는 '마음 포인트'라고 단정할 수 없다. 자기 일이기 때문에 자신은 모른다. 하물며 신종 코로나바이러스 때문에 실시된 전면 휴교는 전대미문의 사건이다. 이런 상황에서 쓰이는 마케팅 수법에는 전례가 없다. 그렇기에 기존 마케팅 수법에 기대면 안 된다고 생각했다.

그래서 나는 자기 자신의 마음속에 깊숙이 숨어들어 아이들의 마음 깊은 곳에 잠든 마음 포인트에 접근하기 위해서 '마음 주파수'를 찾는 방법에 도전했다. 어떤 과정을 거쳐 앞에서 말한 메시지를 생각해냈는지 설명하겠다.

》 아이의 '마음 포인트'는 어린 시절의 자신이 알고 있다

아이들의 마음을 움직이게 하는 마음 포인트에 다가가기 위해서 가장 먼저 해야 할 일은 '아이였던 자신에게 질문하기'다. 머릿속에 타임머신을 띄워서 올라타자. 이번에는 '중학생의 마음'을 알고 싶으니 중학생 시절로 돌아가겠다.

나는 어린 시절을 후쿠오카에서 전철로 한 시간 정도 떨어진 지쿠호 탄광마을 이즈카에서 보냈다. 현관문을 들어서면 할머니가 "어서 와라" 하고 맞아주었다. 어머니는 일하러 가서 집을 비웠다. 연금으로 생활하던 할아버지, 할머니가 밥상에 둘러앉아 차를 마셨다. 마음이 놓이는 것 같으면서도 어딘지 거북한 느낌을 받으며 저녁 식사 때까지 시간을 보냈다.

당시에는 크고 고풍스러운 시골집에 살았다. 전쟁이 끝난 직후에 지었다고 들었다. 토벽이 군데군데 벗겨져서 할아버지가 신문지를 찢어 풀로 발라 보강했다. 그 모습을 볼 때마다 뭔가 서글픈 마음이 들었다.

"아빠가 있었으면 좋았을 텐데."

어머니는 늘 입버릇처럼 말했다. 내가 다섯 살 때 아버지가 불의의 사고로 세상을 뜬 이후 어머니가 여자 혼자 힘으로 고생해가며 나를 길러주었다.

언젠가 이 집을 떠나겠지. 나 혼자 생활하게 될 거야. 어린 마음에 그렇게 생각했다.

"얘야, 열심히 공부해서 훌륭한 사람이 되거라."

할머니는 반복적으로 나를 질책하고 격려했다. 할아버지는 아무 말씀도 안 하셨지만 나 역시 '내가 해야 할 일은 제대로 해야 해'라고 느꼈다. 그렇다고 구체적으로 어떤 행동을 하지도 않았다. '전혀 진전이 없는 자신'을 조금 주체하지 못하는 시기이기도 했다.

친한 친구의 권유로 근처에 있는 입시학원에 다니기 시작한 것도 그 무렵이었다. 학원에 가면 친구를 만날 수 있었다. 집에서 왠지 모르게 남겨진 듯한 느낌을 받으며 어머니가 돌아오기를 기다릴 필요도 없었다. 초등학교와 중학교 때 성적은 그럭저럭 괜찮은 편이었다. 학원에 다니며 선행 학습으로 학교 수업을 공부하는 내가 자랑스럽게 느껴지기도 했다.

'당시의 나'로 변신해서 구체적인 장면을 머릿속에 떠올리는 동안 그때의 감정도 솟아난다.

중학교를 졸업할 무렵의 편차치는 65에 가까웠다. 모두가 '카게는 대단해'라고 칭찬해서 밝은 미래를 믿어 의심치 않았다. 그런데 고등학교에 올라가자 상황이 완전히 달라졌다. 지역의 유명 고등학교에 합격해서 의기양양하게 진학한 것도 잠시, 눈 깜짝할 사이에 수업을 따라가지 못했다. 날마다 수영 동아리 연습이 있어서 녹초가 되었기에 도저히 공부할 수 없었다. 그런 식으로 자신을 정당화하는 사이에 성적은 점점 떨어졌고 자타공인 '낙오자'가 탄생했다.

편차치는 결국 50이 넘을까 말까 하는 정도까지 쭉 떨어졌다. 이제 와서 학원에 다녀봤자 성적이 오를 것이라고 생각되지 않았다. 상위권을 달리던 중학교 시절이라면 몰라도 완전히 뒤처진 지금은 필사적으로 성적을 올리려고 하는 게 꼴사나웠다. 그런 좀스러운 자존심에 얽매였던 기억이 떠오른다.

시간이 꽤 흘렀기 때문에 잊은 일도 수두룩하다. 하지만 당시 자신의 경험과 감정을 생각해 낼 수 있는 한 정성껏 골라내서 복원한다.

이때 중요한 것은 부정적인 마음과 마주하는 것이다. 가능하면 생각하고 싶지 않은 기억의 밑바닥에 가둬 놓은 '기분 나쁜 일'의 깊은 곳에 뭔가가 가로 놓여 있다. 사람은 앞으로 나아가기 위해서 기분 나쁜 일을 잊으려고 하는 동물이다. 기분 나쁜 일을 다 끌어안고 사는 것은 너무나도 괴롭다. 그래서 필사적으로 안 보려고 한다.

여기서는 '왜 낙오자가 되었을까?', '어째서 공부하지 않았을까?' 등 이유를 생각하는 것은 금물이다. 이유를 생각하려고 하면 논리적으로 설명하려고 하는 심리가 작용한다. 그 결과 자신도 모르게 핑계를 억지로 갖다 붙여서 마음속 깊은 곳에 숨겨 놓은 진짜 감정으로부터 멀어지고 만다.

자신의 감정이라고 확신한 것은 어쩌면 지금의 자신이 핑계로 만들어낸 거짓일 수 있다. '나에 대해서 나도 잘 모른다'는 대전제에 서서 자신이 느낀 감정과 마주한다. 말로는 잘 설명할 수 없지만 거기에는 '뭔가'가 있다. 그렇게 생각되면 느낀 것을 '색'으로 비유해 본다.

내가 공부를 잘했던 시절을 연상한 색은 '새파랗고 때때로 분홍빛이 도는 색'이었다. 이것은 무엇을 의미할까? 당시의 나는 새로운 자신에게 가슴 설렜을지도 모른다. 또 분홍빛의 끝에는 좀더 다른 색이 기다리고 있을 것 같기도 했다.

그럼 공부를 완전히 따라가지 못하게 된 고등학생 시절의 자신을 둘러싼 세계의 색은 어떨까? 그곳은 '어두컴컴하고 색이 없는 세계'였다. 동아리 활동으로 수영할 때만 희미하게 연한 빨간색을 띠었다. 다시 생각하기만 해도 우울해지는 세계가 펼쳐졌다. 이렇게 부정적인 마음과 마주하면 사람이 누구든지 기다리는 감정을 이해하는 '주파수'를 얻을 수 있다. 이 주파수를 맞추면 다른 누군가의 마음 포인트가 보인다.

중학생인 자신, 고등학생인 자신과의 대화를 통해서 얻은 주파수를 이용해 코로나 재앙으로 학교에 갈 수 없는 아이들, 부모들의 마음속 깊은 곳으로 접근을 시도한다. 그곳에는 '사회에 대한 실망'이 있지 않을까? 자신에 대한 무력감에 시달리지 않을까? 그런 생각에 이르렀다. 그런 고객이 '여름방학 강습을 열심히 하자'고 노래하는 메시지의 TV 광고를 보면 어떤 마음이 들까? 너무나도 달갑지 않아서 자신이 놓인 현상과 동떨어진, 허울뿐인 말로만 들리지 않을까? 신종 코로나바이러스가 유행하기 전에 제작한 '이번 여름은 발돋움하자'라는 TV 광고는 도저히 그들의 마음에 가까이 다가갈 수 없다고 확신해서 다시 제작하기로 결정했다.

그럼 어떤 메시지라면 통할까?

자신의 무력함에 실망하고 실의의 구렁텅이에 빠진 그 무렵의 자신에게 말을 걸었더니 무슨 말을 해야 할까? 어떤 말이면 마음이 움직일까? 일주일 정도 계속 생각하다 문득 '괜찮아요'라는 말이 떠올랐다.

'초중고생 여러분, 지금 여러 가지로 불안할 거예요. 그래도 괜찮아요. 이번 여름에 만회합시다. 온 힘을 다해 응원하겠습니다.'

이 메시지는 분명히 예전에 아이였던 내가 누군가에게 듣고 싶었던 메시지였다. 또한 TV 광고를 제작하는 것과 동시에 '왜 괜찮다고 할 수 있을까?'라는 생각의 구체적인 이유를 자사 사이트, 디지털 광고, 전단지에서 설명했다.

그 결과가 앞에서 소개한 수강생 수가 전년도 대비 1.58배나 증가했다는 성과다. 다른 학원은 기존의 마케팅 수법에 따라 '지금이야말로 학원에서 공부하자', '학원이라면 감염 대책도 완벽하다' 등의 메시지를 담은 광고 시책을 내세웠다. 그런 와중에 베스트 개별 학원의 TV 광고는 단독으로 성공했다는 말을 들었다.

》》 두 번째 V자 회복을 만들어낸 메시지는 '함께 계획을 세우자'

이렇게 좋은 방향으로 성공했지만 상황은 시시각각 변화한다. 2020년 8월 후반에 학교 수업이 재개되었다. 뒤처진 1학기 학습 과정을 만회하기 위해서 맹렬한 속도로 수업을 강행했다. 그리고 학습 진도를 따라가지 못하는 아이들이 속출했다. 아이들의 짜증도 점점 심해졌다.

베스트 개별 학원의 2020년 7월 수강생 수는 다시 전년도 동월 대비 32%나 뚝 떨어졌다.

"당신의 학원에서는 아이의 약점을 보완해 줍니까?"
"어떤 공부 방법을 제공하나요?"

이 무렵 학원에 걸려온 부모들의 문의전화는 이런 내용이 대부분을 차지했다. 이러한 니즈를 그대로 충족시키는 '기능 어필'을 목표로 한다면 베스트 개별 학원이 내세워야 할 메시지는 다음과 같다.

"지금이야말로 공부하자."
"부족한 부분을 채우자."
"속도를 따라갈 수 있게 지원하겠습니다."

또는 학원의 수업 커리큘럼을 자세히 설명하는 등 아이디어가 떠오를지 모른다. 그러나 부모들이 진짜로 알고 싶은 것은 다르지 않을까? 아이들이 바라는 것은 다르다는 생각을 지울수 없다. 고객은 그렇게 쉽게 속마음을 보여주지 않는다. 마음포인트를 자신도 모르기 때문에 설명할 방법이 없다. 나는 다시 한번 실의에 빠진 못난 고등학생이었던 자신에게 질문해 보기로 했다.

'지금이야말로 공부하자', '부족한 부분을 채우자', '속도를 따라갈 수 있게 지원하겠습니다' — 이런 식으로 학원에서의 수업 커리큘럼을 상세히 설명했을 때 마음이 움직이는지 자문자답했다.

돌아온 대답은 'NO'였다.

자신도 어떻게 해야 할지 모른다. 괴로워서 견딜 수 없다. 그럴 때 '공부하자'고 해도 도저히 받아들일 수 없다. 하지만 누군가 도와주길 바란다. 마음이 비명을 질렀다. 그 '도와 달라'는 마음을 자극하는 메시지는 무엇일까? 찾아낸 결론은 '함께 계획을 세우자'였다. '함께 공부하자'가 아니라 '함께 계획을 세우자'라고 했을 때 얼어붙었던 예전의 내 마음이 풀어지는 것을 확실히 느꼈다.

2020년 8월 '함께 계획을 세우자'라는 메시지를 주축에 놓은 마케팅 시책을 전개했다. 그달의 수강생 수는 전년도 동월 대비 2.17배라는 경이적인 숫자를 기록했다. 경쟁 학원의 수강생 수는 전년도 동월 대비 10~30% 감소했다고 한다.

함께
계획을 세우자.

자신의 마음과 대화해서 '함께 계획을 세우자'고 말해야 학생의 마음을 풀어주는 메시지가 된다고 생각해서 메시지의 주축에 놓았다.

　베스트 개별 학원은 1년 내내 수강생 수가 전년도를 뛰어넘었다. 애초에 베스트 개별 학원은 아이 인구 감소가 현저한 후쿠시마현 고리야마시 등을 중심으로 전개했다.

　인구 감소와 신종 코로나바이러스라는 혹독한 환경에서 성과를 올릴 수 있었던 것은 '니즈 대응형'이 아니라 '마음 대응형'의 마케팅 시책이었기 때문이라고 확신한다. 고객 본인도 몰랐던 마음 포인트를 눌렀기에 행동으로 이어졌고 수강생 수 증가라는 결과를 만들어냈다.

≫ 사람의 마음은 아주 먼 옛날부터 달라지지 않는다

자신의 '마음'에 깊이 숨어들어 고객의 마음에 접근할 수 있는 주파수를 알아내서 마음 포인트를 찾아냈다고 해도 정말로 맞는지 확신할 수 있느냐고 질문하는 사람들이 종종 있다. 또한 '회사 사람들을 설득하려면 조사해서 검증해야 한다'고 상담할 때도 있다.

베스트 개별 학원의 사례로 생각해 보겠다.

설문조사에서 '당신은 사회에 실망했습니까?'라고 질문했다고 하자. '네'라고 대답하는 사람이 절대로 많지는 않을 것이다. 본인들도 깨닫지 못한 마음 포인트이기 때문이다. 인터뷰에서 '당신은 속으로 사회에 대해 실망한 듯한데 자세히 알려주세요'라고 질문했다고 해도 생각한 대답은 돌아오지 않을 가능성이 크다. 경우에 따라서는 '나는 사회에 대한 실망을 생각한 적도 없습니다. 실례되는 말은 삼가세요'라고 화내는 사람이 있을 수도 있다.

한편 메시지에 대해 대상으로 삼은 사람들의 마음이 어느 정도 움직이면 수치화할 수도 있다. 코로나 재앙으로 어려움을 겪은 중학생들, 그 부모들에게 '괜찮아요'라는 메시지를 전했을 때 얼마나 공감을 얻을 수 있을까? 감정이 플러스마이너스 어느 방향으로 움직일지는 기존 마케팅 수법으로 조사할 수 있다. 어떻게든 실제로 검증해야 하는 경우에는 마음 자체가 아니라 마음을 근거로 한 시책을 받아들일 수 있느냐로 한정하면 된다. 체계화되지 않은 마음의 영역은 최종적으로는 '실천해서 확인하는 것' 이외의 선택지가 없다는 점이 현시점에서의 결론이다.

사람의 마음은 아주 오래전부터 똑같이 흐르고 있다. '부모가 아이를 생각하는 마음', '남의 탓으로 하고 싶은 마음', '남을 질투하는 마음', '혼자서는 살아갈 수 없다고 느끼는 고독한 마음'……. 이렇게 누구에게나 있는 마음을 찾는 것이다.

얼마 전 소중한 어머니가 타계하셨다. 그곳에는 구멍이 뻥 뚫린 마음이 존재한다. 설문조사에서 질문해 경향을 확인하는 종류가 아니다. 물론 부모에 대한 애정과 증오, 마음의 거리나 관계성도 사람마다 다르다.

사람에 따라 농도 차가 있고 경우에 따라서는 마음이 움직이지 않는 사람도 있다. 그러나 이는 조사하면 알 수 있는 것이 아니라 찾은 마음에 공명하는 사람도 있는가 하면 공명하지 않는 사람도 있다는 이야기일 뿐이다.

》 코로나 재앙 속에서 CM을 만들 때 '제균'을 어필하지 않은 이유

코로나 재앙은 다양한 기업 활동에 영향을 미쳤다. 내가 크리에이티브 디렉터를 담당하는 에스테도 예외는 아니다. 세계적인 감염 확대의 영향으로 2020년 2월 해외에서 조달할 예정이었던 신상품 원재료를 구하지 못해 마케팅 전략을 크게 변경할 수밖에 없었다.

TV CM을 비롯한 광고 시간대는 이미 대량으로 구입해 놓았고 촬영일도 확정됐다. 당초 예정한 신상품을 대신해서 어떤 상품을 프로모션해야 할까? 신속하게 결단해야 했다.

에스테에서 출시되는 대부분의 상품은 제균 효과가 있다. 코로나 재앙 속에서 '제균'을 강력하게 내세우면 팔릴 가능성이 크다. 하지만 그래서는 단기적인 수익은 얻을 수 있어도 중장기적으로 보면 고객의 신용을 잃을 위험이 있다. 나도 그렇지만 유사시일수록 사람의 마음은 예민해진다.

신종 코로나바이러스에 편승해 돈을 벌려고 하는 낌새가 느껴지면 고객의 마음은 확실히 떠나간다. '법인'이라는 말에 있듯이 기업도 인격을 갖고 있다. 단순히 상품 가치와 편의를 정보로 전달하기만 해서는 '사람으로서 어떠한가'라고 치부되는 것을 피할 수 없다. 이럴 때일수록 사람에게 다가간 광고 크리에이티브가 필요하다.

내가 결단을 강요받은 2020년 2월 시점에서는 감염자 수가 아직 적었지만 마스크 가격이 올라서 사태가 심각해질 징조가 조금씩 나타났다. 나도 재택근무가 계속되는 가운데 머리가 꽉 짓눌리는 듯한 감각을 여러 번 경험했다. 불안한 마음에 의료기관에서 진찰을 받았더니 '스트레스로 인한 증상'이라는 진단이 내려졌다. 내 스스로는 긍정적이고 쾌활하게 행동했다고 생각했는데, 나도 모르는 사이에 우울해졌고 내쳐진 듯한 기분이 들었다.

그래서 '공기를 바꾸자'는 메시지를 CM 제작의 중심에 놓기로 계획했다. 이 '공기를 바꾸자'는 에스테의 주력 상품인 탈취제 '소취력'의 핵심적인 가치인 동시에 현재 세상에 퍼져 있는

폐쇄적인 공기를 없애기 위해서 '공기를 바꾸자'고 긍정적인 메시지를 담았다.

폐쇄적인 공기를 없애버리자는 메시지로 이어질 수도 있을 것
이라고 생각했다. 에스테의 스즈키 다카코 사장님에게 상담하
자 그 즉시 "이런 시기니까 좋은 CM을 만듭시다"라고 결단해
주셨다.

2020년 4월에 방송한 소취력의 TV CM은 두루마리를 손에
든 아티스트 니시카와 다카노리 씨가 거리에서 시골길을 달려
절벽에 도달해 '공기를 바꾸자'고 외치는 내용이었다.

슬플 때는 웃으면 돼

그냥 내일 아침에는

웃는 네가 있길 바라

아— 너에게 전하고 싶어

아— 이걸 전하고 싶어

공기를 바꾸자

소취력(消臭力)

왜 '공기를 바꾸자'는 강력한 메시지를 내세웠을까? 사실 출연자인 니시카와 씨에게는 그 의도를 자세히 알리지 않았다. 하지만 니시카와 씨는 확실히 의도를 이해했고 평소보다 더 진지한 표정으로 있는 힘껏 달려서 발을 내딛기가 나쁜 장소도 지나가 마음껏 대사를 외쳤다. 니시카와 씨의 '사람'으로서의 열정도 영상에 담겼다. 그렇기에 수많은 사람의 마음을 움직이는 CM송과 영상이 완성되었다. 이런 일은 좀처럼 일어날 수 없다. 그런 일이 가능했던 이유에 대해서는 제8장에서 자세히 설명하겠다.

》》 유사시일수록 고객의 '마음'은 변화한다

니시카와 씨가 힘차게 '공기를 바꾸자'고 노래한 소취력의

TV CM이 방송된 직후 트위터에는 엄청난 감상이 올라왔다.

'음악을 들을 여유가 사라진 것을 깨닫고 아이와 함께 노래했더니 눈물이 나왔다. 마음이 지쳐 있는 요즘 이 CM을 봐서 좋았다. 공기를 바꾸자.'

'웃고 싶어지면 웃자! 화날 때는 화내자! 울고 싶어지면 울자! 자제한다고 해서 감성을 드러내는 것까지 자제하지 않아도 된다!'

'오늘은 엄마의 생일! 할아버지, 할머니, 증조할머니에게 아이들의 활기찬 얼굴을 보여줄 수 있게 모두 건강하고 힘내자.'

'얼마 전 가게를 열어줘서 고맙다는 고객의 진심 어린 말에 울 뻔했습니다! (소매업)'

'울음을 참는 건 역시 안 좋아! 슬플 때, 괴로울 때, 울어도 된다고 생각할 수 있는 건 정말로 멋진 일이야!'

하지만 그 후 얼마 지나지 않아 사회 분위기가 또다시 크게 달라졌다.

정부의 첫 긴급 사태 선언 발령, '생활 유지에 필요한 경우'를 제외한 외출 자제 요청, 학교와 영화관 등의 휴교, 휴업, 이벤트 개최 제안 요청했다. 지역을 넘어가는 이동이나 음식점의 영업시간 제한, 출근 제한, 재택근무 등 계속해서 감염 대책이 시행되었다.

감염 방지 확대의 관점에서 표명한 '새로운 생활양식'은 광고 제작 현장에도 영향을 줬다. 광고업계에서는 온갖 가이드라인 이 만들어졌다. 그 내용에는 제작 현장 스태프와 출연자를 보 호하는 것뿐만 아니라 '사회 분위기를 따르지 않는 표현을 하 지 않기 위해서'라는 암묵적인 양해도 포함되었다.

이를테면 이런 내용이다.

• 많은 사람이 모이는 표현(회식, 술집, 슈퍼마켓 등)에는 감염 위 험이 있으니 주의해야 한다.
• 신종 코로나바이러스의 감염자의 확대에 따라서 사망한 사람도 있기 때문에 '축하합니다'라는 메시지에는 배려가 필요하다.
• 같은 공간 안에 2명 이상의 출연자가 있는 표현은 감염 위 험이 있으므로 배려해야 한다.

이런 다양한 가이드라인을 배경에 두고 텔레비전에서는 원격 출연이 일반적이 되었고 음악 라이브 이벤트는 중지 또는 온라인 중계로 바뀌었다. 보도는 신종 코로나바이러스에만 치중되었다. 사회 분위기는 '정론' 일색으로 가득 찼고 신종 코로나바이러스 확진자는 공격을 받았으며 감염 위험도 개의치 않고 고향으로 돌아간 사람은 비난을 면치 못했다. 또한 고등학생들이 밝고 활기차게 노래하며 춤추는 TV CM은 인터넷에서 악성 댓글에 시달렸다.

이론적으로 생각할 경우 신종 코로나바이러스의 감염 위험을 낮추려면 최대한 외출을 삼가는 것이 옳고 회식하러 갈 상황이 아니기도 하다. 나도 그게 옳다고 생각했고 사회 규칙을 따랐지만 마음속 깊은 곳에서는 이해하지 못해서 불만을 느꼈다. 어딘가 억지로 부조리를 강요받은 듯한 기분이 존재했다.

이런 와중에 에스테의 냉장고용 탈취제 '탈취탄'의 TV CM 제작이 시작됐다. 내세운 메시지는 '부조리한 마음을 녹이기 위해서 태연한 생활을 즐기자'였다. 광고 크리에이티브로는 한없이 밝고 경박했다. 봐준 분들이 아주 조금이라도 부조리한 마음에서 벗어날 수 있게 만들자고 생각해 제작한 TV CM은 이런 내용이었다.

　출연자는 전 모닝구 무스메의 다카하시 아이 씨와 다나카 레이나 씨로, 방 안에서 즐거운 듯이 식사한다. 무대는 다카하시 씨가 올린 SNS '인스타그램'에서 힌트를 수집해 자택을 재현했다. 다카하시 씨의 집에 다나카 씨가 놀러 왔다는 설정이다.

"아이는 잘하는 요리가 있어?"
"음, 차게 한 낫토에 캐비어를 곁들인 음식일까나?"
"프랑스 요리?"
"발효시킨 콩에 파를 곁들이거나."
"그거 낫토지?"

　하잘것없지만 피식 웃게 만드는 대화를 나누며 두 사람이 냉장고에 탈취탄을 설치한다. 카메라는 둘이 노래하는 CM송과 댄스를 뒤쫓아 그대로 냉장고의 탈취탄에 다가간다.

♪ 냉장고의 냄새를 없애자
♪ 숯의 힘으로 냄새를 없애자
♪ 맛있는 요리야

♪ 집안이 즐거워

♪ 탈취탄

이 TV CM을 찍을 때 방을 모방한 세트 안에는 다카하시 씨와 다나카 씨 둘뿐이었다. 소형 드론을 사용한 무인 촬영을 처음으로 시도했다. 촬영하는 도중에 소형 드론이 세트에 부딪혀 떨어지는 사고도 있었지만 어떻게든 방을 날아다니며 찍는 원 테이크 촬영을 성공시켰다. 촬영 현장에 들어가는 인원수를 줄이고 또 촬영 시간도 단축해서 감염 위험을 억제한다는 아이디어가 새로운 크리에이티브를 만들어냈다.

이 TV CM은 긴급 사태 선언이 해제된 직후인 2020년 6월 10일에 촬영했다. 광고 제작 가이드라인을 따라 제작되었는데 광고 크리에이티브에서는 사회에서 말하는 정론을 그대로 받아들이지 않았다. 유사시이기 때문에 '유사시에 변화한 고객의 마음'에 더욱더 철저하게 다가가는 자세를 지향했다.

세상에 '△△니까 ○○해야 한다'라는 정론이 넘쳐나기 시작했을 때는 주의해야 한다. 위화감을 느껴도 정론을 내밀면 반론하기 어렵다. 대부분의 사람이 본심을 억누르며 실제로는 이해하지 못했는데도 '어쩔 수 없으니까' 하고 자신을 달랜다. 아무런 의심도 없이 순순히 따르는 사람도 수두룩하다. 하지만 거기서 말하는 '정론'은 정말로 옳을까? '그게 진짜인가?' 하고 지금 다시 한번 물어보고 생각한 후에 행동하는 것이 중요하지 않을까 싶다.

3

마케팅 조사의 편견이
진짜 '마음'을 감춘다

마케팅 조사를
뛰어넘다

고객을 알기 위해서 마케터들은 다양한 조사를 실시한다. 대표적인 방법으로 '설문조사'와 '그룹 인터뷰'가 있다. 이런 조사를 실시하면 고객과 자신들이 팔고 싶은 물건(상품, 서비스)과의 관계값이 보인다. 거기에 어떤 니즈가 있는지 파악하고 전략의 방향성이 맞는지 확인할 수 있다. 하지만 이런 수법으로는 고객도 깨닫지 못하는 '마음 포인트'를 찾을 수 없다.

고객의 잠재의식에 접근하기 위한 마케팅 조사로는 '행동 관찰'과 '심층 인터뷰'가 있다. 그런데 이런 방법은 잠재의식을 아는 계기에 지나지 않는다는 점에 주의해야 한다. 관찰이나 대화를 통해서 고객의 생활과 그 인생에 파고들어 '자신의 마음'도 사용하면서 인사이트를 알아내야 한다. 그 구체적인 방법은 제4장에서 다시 설명하겠지만 아무튼 '인사이트는 무엇입니까?'라고 물어보면 명쾌한 대답이 돌아오는 단순한 이야기가 아니라는 점만은 머릿속 한구석에 놔두자.

마케팅을 전개할 때 조사는 반드시 필요하다. 조사로 얻은 데이터는 사내외의 설득부터 마케팅 전략 구상, 실행에 이르기까지 여러 상황에서 당신에게 도움이 될 것이다. 그러나 조사는 만능이 아니다. 거기에는 한계도 있고 결과를 잘못 보는 '함정'도 있다. 이를 먼저 아는 것이 조사라는 편리한 도구를 정확하게 구사하기 위한 비결이다.

'1주 전의 점심에 무슨 음식을 먹었습니까?'
'2주 전의 주말에 어떤 TV 프로그램을 봤습니까?'
'1개월 전의 맨 넥타이의 무늬는 무엇이었습니까?'

이런 질문을 받았을 때 즉시 대답할 수 있겠는가? 나도 그렇지만 어지간히 인상에 남는 뭔가가 없는 한 자신도 깜짝 놀랄 정도로 기억에 남아 있지 않을 것이다.

사실과 전혀 다른 '뭔가'를 굳게 믿는 것은 드물지 않다. 본인이 말하는 '구입 이유'나 '상품에 끌린 계기'도 반드시 진실이라고 할 수는 없다. 자신의 일인데 착각할 리가 없다고 생각하는가? 실제로 있었던 대화를 예로 들며 살펴보겠다.

》 회답자의 억측이 가져오는 '편견'의 함정

어느 30대 남성이 애인과 가나자와로 여행을 떠났다. 저녁 식사로 1인당 2만 엔이나 하는 일본 음식점을 선택했다. 이 음식점을 선택한 이유는 무엇일까? 물어보니 그는 이렇게 대답했다.

"모처럼의 여행이니 맛있는 음식을 먹고 싶었습니다. 인터넷에서 찾아 음식점에 전화했더니 대응도 좋았고 가격도 딱 알맞았거든요."

망설임 없이 '여행', '인터넷', '좋은 전화 대응', '2만 엔'이라는 키워드가 술술 나온다. 그러나 잘 들어보면 인터넷으로 조사한 사람은 남성 본인이 아니라 애인이었다. 역에 도착해 호텔로 향하는 택시 안에서 여성이 인터넷으로 검색했다고 한다. 그녀가 웹사이트에 실린 사진을 보여주고 둘이서 음식점을 선택했다고 한다.

"애인과 이것저것 상담하며 음식점을 선택하는 시간 자체가 즐거웠군요."

그는 부끄러운 듯이 돌이켜보았다. 한층 더 파고들어 물어보자. "그러고 보니 어느 가게나 요리 사진은 똑같아서 어디가 맛있어 보이는지 알 수 없었습니다"라고 쓴웃음을 지었다. 또 요리보다 음식점 외관이 고풍스러운 가나자와에 딱 어울리는 이미지에서 흥미를 느낀 것을 생각해냈다. "나는 분위기로 선택했어요"라며 그도 깜짝 놀랐다. "모처럼의 여행이니 가나자와다운 분위기가 느껴지는 곳에서 그녀와 보내고 싶습니다"라는 마음이 강한 것도 깨달았다.

"평소에는 2만 엔짜리 음식점에 갑니까?"
"비싸서 그런 음식점에는 안 갑니다. 아…… '가격이 적당하다'고 했는데 뭔가 달라요."

이야기하는 동안 의견이 달라졌다.

"이번에 식사한 가게가 3만 엔이라고 하면 선택하겠습니까?"라고 물어보자 그는 왠지 부끄러운 듯이 "선택하겠습니다"라고 대답했다. "그녀와 특별한 시간을 만들고 싶다는 마음이 강해서… 말하고 보니 가격은 별로 신경 쓰지 않았습니다. 처음에 제가 말한 이유와는 전혀 다르네요"라며 웃었다.

다시 "전화 대응이 좋았던 점이나 맛있어 보인 요리, 가격이 적당했다는 점도 이유로 치면 있었나요?"라고 질문하자 그는 웃으며 단호하게 대답했다.

"아니요. 그 분위기의 사진을 봤을 때 가격도 생각하지 않고 전화하기도 전에 '이 가게로 하자'고 결정했습니다."

이 가나자와로 여행을 떠난 남성과 같은 '기억 차이'가 없었다고 해도 마케터의 '해석 차이'가 일어날 수도 있다. 이것도 실제 사례로 설명하겠다.

》 질문이 달라지면 대답도 달라진다

'식생활'에 관한 쉬운 청취 조사의 예다. 조사 대상은 20대 독신 여성으로 혼자 살고 있다. 평소에 어떤 라이프 스타일을 보내느냐? 하는 청취 조사 대화에서 구체적인 이미지를 부풀리며 읽어 나가기 바란다.

먼저 몇 가지 질문에 대답하게 했다.

Q. 요리는 좋아합니까?
A. 네, 꽤 좋아합니다.

Q 일주일에 며칠 정도 직접 밥을 합니까?
A 일주일에 5일 정도입니다.

Q 외식합니까?
A 별로 안 합니다. 일주일에 한 번 정도일까요?

Q 건강에는 주의하고 있나요?
A. 네, 주의하고 있습니다.

여기까지의 대화로 어떤 생활 모습이 떠올랐는가?

이전에 내가 담당한 마케팅 수업에서는 다음과 같은 대답이 돌아왔다.

"이 여성은 건강을 지향해서 채소를 많이 섭취하지 않을까?"
"일식, 생선을 중심으로 요리하지 않을까?"
"일주일에 5일이나 밥을 하니까 종류가 많은 요리를 자주 먹는 것은 아닐까?"
"일주일에 한 번 하는 외식은 평소의 절약과 절제를 그만두고 애인과 이탈리아 레스토랑에 가서 와인을 마시며 식사하는 것은 아닐까?"

여러분도 여기까지의 대답 결과에서 떠올린 조사 대상자의 라이프 스타일을 메모해 놓기 바란다.

쉬운 조사는 여기서 끝내겠다. 그다음은 좀더 디테일을 알기 위해서 다시 질문해 보자.

Q. 그런데 평소에 자택에서는 어떤 요리를 만듭니까?
A. 적은 비용으로 마치고 싶어서 있는 재료로 할 수 있는 음식을 만듭니다. 조미료를 보면 갖고 싶어지지만 별로 사지 않

습니다.

Q. 어떤 요리인지 보고 싶네요.

A. … (부끄러운 듯한 얼굴로 가만히 있다.)

Q. 아까 '일주일에 5일 직접 밥한다'고 했는데, 남은 2일은 어떻게 합니까?

A. 이틀은 남은 음식을 먹습니다.

Q. 다시 한번 질문하겠습니다. '일주일에 며칠 밥을 합니까?'라는 질문에 대한 대답은?

A. 5일입니다.

Q. '일주일에 몇 번 자택에서 저녁을 먹습니까?'라는 질문이라면 어떻습니까?

A. 그럼 일주일에 7번이니 매일입니다.

Q. 그렇다면 '일주일에 한 번 외식'은?

A. 외식은 별로 하지 않지만 일주일에 한 번은 회사 사람들과 점심 약속을 합니다.

자, 여기서 지금까지의 대화를 돌이켜보자. 직접 밥하는 횟수를 질문했을 때의 대답은 '일주일에 5일'이었다. 이렇게 묻자 '일주일에 이틀은 밥을 하지 않고 외식 또는 반찬 등을 사서 집에 온다'는 식생활을 하는 것처럼 생각되었다. 그러나 자택에서 저녁을 먹는 횟수를 물어보니 '일주일에 7번, 매일'이라는 사실을 알았다. 여기서 중요한 것은 질문이 달라지면 대답이 변화한다는 점이다.

청취 조사에서 알고 싶은 내용을 그냥 물어본다고 원하는 대답을 얻을 수 있는 것은 아니다. 질문 방법에 따라서 얻을 수 있는 대답이 크게 달라진다. 애초에 이 정도 질문은 쉽게 만들 수 있을 것이라는 억측이 '편견'의 온상이 된다는 점을 명심해야 한다.

참고로 '건강에 주의합니까?'라는 질문도 무의미하다. '건강에 주의하지 않는다'라고 스스로 인식하는 사람이 거의 없기 때문이다.

한밤중에 맥주를 한 손에 들고 안주 먹는 것을 그만두지 못하는 나처럼 어리석은 생활을 하는 사람이라도 설문조사에서 질문하면 '건강에 조금 주의한다'에 표시하기 때문이다.

또한 대답 결과를 해석할 때의 편견에도 주의해야 한다.

예를 들어 '일주일에 한 번 외식한다'라는 말을 듣고 여러분은 '저녁 식사'를 떠올리지 않았는가? 실제로는 일주일에 한 번 점심, 게다가 상대는 친구나 애인, 가족이 아니라 회사 사람과의 비즈니스 런치였다. 앞에서 소개한 여행 중인 30대 남성의 가게 선정과 달리 이 여성은 사실만 이야기했고 본인의 억측이나 기억 차이는 없다. 하지만 분석하는 우리가 멋대로 잘못된 방향으로 이미지를 부풀려서 사실과 다른 결과를 이끌어내는 일도 일어날 수 있다.

마케터에게 조사 분석과 통계의 기초적인 지식은 반드시 필요하다. 그러나 그 이전에 자신들이 실시하려고 한 조사의 질문 내용에 확실히 마주하는 것이 중요하다.

설문조사를 실시할 때는 먼저 그 질문 자체에 편견이 생기지 않았는지 질문을 받는 사람의 시점에서 검증한다. 자신이 일개 개인으로서 질문에 대답해 보는 방법이 가장 손쉽다. 이때 관계자로서 얻은 정보는 일단 잊고 진정한 자신으로서 대답하는 것이 요령이다. 단 대답 내용에는 의미가 없다. 대답할 때 자신의 안에서 솟아나는 마음의 움직임을 의식해야 한다. '솔직하게 대답하고 싶지 않다', '조금 폼 잡고 싶어진다', '솔직하게 대답하는 것이 꺼려진다' 등 다른 힘이 작용하지 않았는지 음미하며 정확한 질문을 생각해낸다. 분석할 때도 똑같이 자신의 마음을 사용하며 분석한다. 그런 뒤에 조사 결과를 보면 훨씬 더 깊이 해석할 수 있다.

설문조사에서 얻은 정보는 한정적이다. 좀더 자세히 고객의 마음이나 생각을 알고 싶을 때는 직접 이야기를 듣는 인터뷰를 실시한다. 그룹 인터뷰(포커스 그룹이라고 불리기도 한다)에서는 특정 조건에 따라 뽑힌 대상자 5~6명을 모아서 사회자가 질문한다. 주제에 따라 자유롭게 발언하게 하고 그 대화를 분석하는 수법이다.

그룹 인터뷰도 설문조사와 마찬가지로 편견이 생길 수 있다. 이를테면 '사회자의 질문이 고객의 의견을 유도하는 내용이지 않았는가', '고객의 발언을 액면 그대로 받아들여서 해석하지 않았는가', '자신 안에서 멋대로 해석하고 싶어 하는 심리가 작용하지 않았는가' 등을 늘 의심하고 검증해가며 냉정하게 분석해야 한다.

신상품에 대한 그룹 인터뷰를 실시했을 때의 일이다. 여러 그룹에서 신제품에 대한 인상을 이야기했는데, 모든 그룹의 인기가 '상품 A'에 집중돼서 모두가 '훌륭하다'고 칭찬했다. 그러나 조금 떨어진 곳에서 관찰하니 아무래도 위화감이 들었다. 그 표정이나 동작, 말투에서 말로는 설명할 수 없는 답답한 응어리가 느껴졌다.

조사 중에 의문을 느끼면 기회다. 거기에 있는 작은 위화감이야말로 고객의 마음을 알아내는 힌트가 된다. 그래서 사회자 역할의 남성에게 메모를 건네고 이렇게 부탁했다. "돌아갈 때 좋아하는 상품 한 개를 들고 가게 해주세요."

그러자 어땠을까? 상품 A를 칭찬한 사람들이 선택한 것은 전혀 다른 상품이었다. 아까까지 혹평하던 상품의 쟁탈전이 일어나 가위바위보 대회로 발전했다. 이 점에는 진심으로 놀랐다. 정말로 원하는 상품은 철저하게 깎아내리고 집에 가져갈 정도도 아닌 상품을 노골적으로 칭찬했다. 거기에 어떤 심리가 작용했는지는 알 수 없다. 하지만 차분하게 관찰하고 자신의 마음과 대조한 결과 거기에 '진리가 없다'는 점만은 간파할 수 있었다.

조사를 실시하는 상황에 따라 생각지 못한 편견이 생길 수도 있다.

도쿄 신주쿠의 길모퉁이에서 '협력해 달라'고 말을 걸어서 승낙해 준 고객에게 TV CM 4편을 보여주고 설문조사에 응하게 하는 조사를 실시한 적이 있다.

처음에 방에 들어온 사람은 40대 여성이었다. 조금 떨어진 장소에서 모습을 봤더니 TV CM이 흐르는 모니터를 엄청난 모습으로 째려봤다. 나도 혼자 이 자리에 불려오면 똑같은 얼굴을 했을지 모른다. '확실히 대답해야 해'라는 심리가 작용해도 이상하지 않았다. 또 익숙하지 않은 환경에 긴장하면서도 어떻게든 자신을 보호하고 싶다고 생각했을 수도 있다.

그런 심리 상황에서 진심이 나타날까? 나는 그런 의문을 느꼈다. 평소에 TV CM을 볼 때를 생각해 보면 어떠한가? 자택에서 긴장을 풀고 시청할 것이다. 남한테 도저히 보여줄 수 없을 정도로 자유롭게 지내며 깔끔하지 못한 얼굴로 화면을 바라볼

지도 모른다.

그다음에 찾아온 사람은 함께 온 여성 둘이었다. 그녀들은 얼굴을 마주 보며 킥킥 웃었다. TV CM을 보고 웃는 건지 뭔가 다른 이유로 웃는 건지 알 수 없었다. 하지만 어떻게 봐도 이 웃는 여성들이 내가 떠올린 '평소의 TV CM 시청 태도'에 가까 웠다.

그 이후에도 다양한 사람들이 찾아왔다. 역시 혼자 온 사람 과 여럿이 함께 온 사람은 분명히 TV CM 시청 태도가 달랐다. 그래서 조사원에게 혼자서 참가한 사람의 결과와 2인 이상 참 가한 사람의 조사 결과를 따로따로 집계해달라고 했다. 그러 자 전혀 다른 결과가 나왔다. 조사한 사람 수로 말하자면 단독 참가자가 많았는데, 나는 여럿이 함께 온 사람들의 결과를 중 시했다. 단독 참가자는 대부분이 '평소에 자택에서 TV CM을 보는 태도가 아니었기 때문'이었다. 이처럼 정확하게 질문을 던졌다고 해도 조사하는 상황에 따라서는 대답이 달라질 수 있 다. 편견이 있는 대답은 전혀 쓸모없을뿐더러 판단을 잘못하 게 한다. 그래서 때로는 용기 내서 조사 결과를 버릴 결단도 필 요하다.

이 조사 결과를 토대로 여럿이 참가한 사람들의 의견에 따라 화장실용 탈취 방향제 '화장실 탈취포트'의 TV CM을 대대적으로 방송했다. 에스테(당시에는 에스테화학)의 지점장들이 아이의 율동에 맞춰서 춤춘다는 이색적인 TV CM은 큰 화제를 불렀다. 방송된 2004년 5월의 CM 호감도는 4위에 올랐다. 창업한 이래 최초라는 쾌거를 얻었고 그달의 매출도 전년도 대비 1.6배로 대폭 증가했다.

》 심층 인터뷰를 하면 상대방이 '인사이트'를 말해준다는 오해

인터뷰 형식의 조사 중 또 다른 수법으로 사회자와 대상자가 1대 1로 실시하는 심층 인터뷰가 있다. 심층 인터뷰는 상품이나 서비스에 대해서 직접적으로 물어보지 않고, 그 사람이 생활할 때 어떤 상품과 서비스를 원하는지 마음 깊은 곳으로 숨어들어 그 사람 본인도 깨닫지 못한 마음을 알아낸다. 무엇을 어떻게 하면 가능할까? 50대 남성을 대상으로 '판 초콜릿'에 대해 심층 인터뷰를 한 대화를 재현했으므로 함께 살펴보자.

판 초콜릿을 구입한 이유는 '저렴하다', '그리운 맛이다', '맛있다', '가게에서 손쉽게 살 수 있다' 등이다. 심층 인터뷰는 이런 현재화한 니즈에 숨어 있는 심층 심리를 알아내기 위해 실시한다고 생각하기 바란다. 하지만 고객은 자신의 '마음 포인트'—인사이트는 깨닫지 못한다. 그래서 인터뷰어는 고객의 마음에 다가가며 고객 스스로 자신의 마음을 찾는 데 도움이 되는 말을 건넨다. 직접적으로 '당신의 인사이트는 무엇입니까?'라는 질문은 하지 않고 고객은 '내 인사이트는 ○○입니다'라고 대답하지도 않는다. 고객의 추상적인 말을 힌트 삼아 당신도 자신의 마음을 사용하며 고객의 마음속 깊은 곳에 잠든 인사이트를 찾는 조사다.

인터뷰가 시작된 지 10분 정도 잡담한다. 긴장이 풀렸을 때 본제로 들어간다. 단, 상품의 감상은 듣지 않는다. 인사이트는 상품이 아니라 어디까지나 고객의 마음에 있다. 즉 상품보다 '자신에 대한 일'을 말하게 하는 것이 중요하다. 상품의 특징 등에 관해서 말해도 절대로 깊이 파고들지 않고 자신의 이야기로 되돌리도록 한다.

Q. 그럼 오늘은 초콜릿에 대해 묻겠습니다. 언제 처음 먹었습니까?

A. 글쎄요. 그러고 보니 어린 시절 병원에 가면 할머니가 보

기 드물게 판 초콜릿을 사 주셨던 것이 떠올랐습니다. 기분 좋았던 일이에요. 판 초콜릿은 뭔가 말랑하고 둥근 맛으로 그리워서 나도 모르게 사고 맙니다. 크기도 적당하고요. 롯데나 메이지가 있지만 저는 메이지를 삽니다. 그 색이 좋습니다.

Q. 그렇군요. (상품 이야기가 되었기에 받아넘긴다.) 처음 먹었을 때의 일을 기억합니까?

A. 어땠더라…. 입 안에서 살살 녹는 느낌이었습니다.

자신에 대해서 말하게 해도 시간이 40분 정도로 짧은 탓에 대상이 되는 상품과 어떤 관계가 있는지 말하게 한다. 대체로 '상품을 사용하기 전', '상품을 구입할 때', '구입한 후의 자신에 대한 이야기' 등을 중심으로 물어본다. 말하기 쉬운 행동의 사실, 그때의 의식이나 감정을 떠올리게 한다. 정성스럽게 조금씩 물어봐서 상대방이 그 세계에 마음을 투입할 수 있게 조정해 간다.

Q. 본인이 판 초콜릿을 처음 구입한 것은 언제입니까?

A 확실히 기억나지 않습니다. 하지만 성인이 된 이후이려나. 편의점 등에서 눈에 띄었을 때 구입했습니다. 구입할 때 왠지

가슴이 두근거렸습니다. 그래도 몰래 샀어요. 조금 부끄럽잖아요. 다 큰 남자가 판 초콜릿을 사다니.

Q. 그럼 지금 '판 초콜릿을 사서 먹는 자신'을 떠올려 보세요.
A. 먹습니까?

Q. (가만히 고개를 끄덕인다)
A. …….

Q. …….
A. ……. (침묵이 이어진다.) 그러고 보니… 밤중에 혼자서 먹었습니다. 안 되잖아요. 밤중에 단 음식이라니 (쓴웃음).

Q. 어떻게 먹었는지 생각납니까?
A. 별로 음미하지 않았나……. 묵묵히 먹었습니다.

　자신의 마음을 자연스럽게 들여다보면 표정이나 말투가 달라진다. 그 타이밍은 40분 동안 여러 번 있다. 그 큰 기회가 찾아오면 '머릿속을 스쳐 간 이미지'를 메타포(은유)로 나타내게 한다. 색이나 동물, '보슬보슬', '두근두근' 등 의성어, 의태어 등으로 비유하게 한다.

Q. 지금 먹고 있는 자신이 있지요? 어떤 세계입니까? 색으로
표현하면?
A. 색이요? 색은…… 어두운 붉은 빛을 띤 것 같습니다.

Q. 그렇군요. 먹기 전에는 어떤 색입니까?
A. 무색이요! 색이 없습니다! *(단호하게)*

Q. 무색이군요. 먹었을 때는 어두운 붉은 빛을 띠었다고 했
죠. 그 마음은?
A. 글쎄요. 초콜릿을 음미하는 것은 아닙니다. 뭔가 응석을
부리는 자신이 있다고 할까, 쓸쓸해하는 자신이 있는 기분이
들었습니다. 왜 그럴까요? 이상하네요. 생각한 적도 없었는데.

Q. 앞으로 초콜릿을 먹으려고 합니다. 자신을 동물에 비유
한다고 하면 무엇일까요?
A. 강아지요. 강아지입니다. 조금 놀랍네요. 별로 생각한 적
이 없어서.

Q. 과연. 초콜릿을 다 먹었습니다. 지금 동물로 비유하면?

A. 큰 개가 되었습니다. 지금부터 잘 준비를 하는 듯해요. 갑자기 민첩한 자신이 있습니다.

Q. 감사합니다. 앞으로 어떤 사람이 될 것입니까?

A. 상당히 제대로 된 사람이요.

Q. 마지막으로 판 초콜릿에게 부탁 한마디….

A. 판 초콜릿, 고맙습니다. 아니 뭔가 즐거웠어요. 별로 생각한 적 없었거든요. 나 자신에게 판 초콜릿이 그런 존재였다니. 뭔가 생각해 볼 만했습니다.

이 심층 인터뷰로 알 수 있는 사실은 이야기를 들은 50대 남성의 마음은 초콜릿을 먹으면 '강아지'에서 '성견(成犬)'으로 변화한다는 점이다. 이는 어떤 뜻일까? 해석을 거듭해서 질문을 받은 본인도 몰랐던 마음의 움직임을 찾는다. 비유적인 표현을 해석하는 것은 결코 쉽지 않다. 익숙하지 않은 동안 알 듯 말 듯한 표현에 골머리를 썩이게 될 것이다.

"왜 초콜릿을 먹으면 강아지에서 성견으로 달라집니까?"

"당신은 이 감정 변화를 어떻게 생각합니까?"

"초콜릿을 먹으면 불안한 마음이 약해져서 격려를 받는 것처럼 보이는데 실제로 그렇습니까?"

이렇게 다시 질문하고 싶어질 수도 있다. 그러나 이런 질문은 절대로 하면 안 된다. 심층 인터뷰는 어디까지나 상대방이 '자기 자신의 마음'과 마주하며 대화하는 것을 돕기 위해 가까이 다가가며 대화하는 방법이다. 본인도 몰랐던 마음속 깊은 곳에 있는 '뭔가'를 추측하는 단서를 얻기 위한 시간이다. 당신의 가설이나 추측을 확인하는 자리가 아니다. 알기 쉬운 답을 바란다 한들 상대방은 대답할 수 없다.

그럼 어떻게 해석을 진행할까? 심층 인터뷰는 공들여 준비해야 한다. 인터뷰어는 최소 한 시간은 준비에 시간을 들여서 어떻게 질문하면 마음속 깊은 곳까지 갈 수 있는지 마케터와 함께 설계할 필요가 있다.

마케터들도 남에게 맡겨서 대답을 얻는 자세가 아니라 자신의 마음을 사용해 분석해야 한다. 그러기 위해서는 확실히 사전 준비를 해야 한다.

반복해서 말하지만 심층 인터뷰를 실시해도 고객이 '내 인사이트는 ○○입니다'라고 알기 쉽게 대답해주는 것은 아니다. 오히려 고객이 하는 말은 단편적이고 추상적이다. 그 대답을 액면 그대로 받아들이지 말아야 한다. 심층 인터뷰를 하는 쪽이 자신의 마음을 사용해서 해석을 더해가며 인사이트를 찾아내야 한다. 그렇기에 자신의 마음과 대화하는 힘을 반드시 터득해야 한다.

자신의 '마음'에 숨어들어
최고의 소비자를 목표로 하자

인간이 하는 행동의 95%는
무의식에 지배당하고 있다

모든 일에는 순서가 있어서 한달음에 '인사이트'를 찾으려고 초조해하면 억측이 방해해서 오히려 진리와 거리가 멀어진다. 고객을 움직이는 '마음 포인트'를 알아내려면 먼저 자신의 마음 포인트를 찾는 기술을 연마해야 한다.

사람의 행동 95%는 무의식에 지배당한다고 한다.

이는 우리도 예외가 아니다. 우리는 마케터이기 전에 1명의 소비자다. 일 외의 상황에서는 고객으로서 생활한다. 고객으로서의 자신이 의식하지 않은 '뭔가'를 찾아내서 그것을 단서로 고객의 마음에 주파수를 맞춘다. 그 결과 고객의 마음을 움직이는 마케팅 전략이 이루어진다.

자신을 이해하도록 노력하면 머지않아 고객의 마음이 보이게 된다.

한 걸음씩 착실히 나아가자.

》STEP 1 행동을 주시하는 '통찰력'을 단련한다

사람이 행동하는 배경에는 어떤 '감정'이나 '의식'이 존재한
다. 그러나 처음부터 감정과 의식을 이해하려고 하면 자신의
마음을 잘못 본다. 제3장에 소개한 '여행지인 가나자와에서 객
단가 2만 엔인 일식집을 선택한 30대 남성'의 사례를 생각해
보자.

그는 당초 음식점을 선택한 이유로 가격과 음식점의 좋은 대
응을 거론했다. 그런데 이야기를 듣는 동안 실제로는 가격보
다 음식점을 선택한 애인의 의사 존중과 가나자와 여행과 이미
지가 어울리는 점포의 분위기를 중시한 사실을 깨달았다.

사람은 억측하는 동물이다. 훈련이 부족한 사이에 감정이나
의식에 주목하려고 하면 잘못된 해석에 사로잡히기 쉬워진다.
먼저 누가 어떻게 생각해도 감출 수 없는 사실인 행동을 정확
하게 돌아보는 힘을 터득하는 것이 첫걸음이다.

왜 그 행동을 했는지 이유는 봉인하자. 감정이나 의식도 버
리고 사실만 주워 모은다. 그럼 즉시 해 보자.

당신이 '24시간 이내에 한 행동'에 대해서 600~800
자 정도를 기준으로 최대한 자세하게 써 보기 바란다.

(회답 사례)

미팅이 시작되기 직전 편의점에 들렀다. 별로 시간
이 없었는데도 망설임 없이 자동문 앞에 섰다. 문이
열리고 편의점 안에 들어갔다. 페트병이 줄지어 서 있
는 쇼 케이스 앞을 오른쪽 끝에서 왼쪽 끝까지 걸어갔
다가 다시 오른쪽 끝으로 돌아갔다. 녹차나 재스민티
를 꺼내려고 쇼 케이스 문에 손을 댔다가 몇 초 멈췄
다. 열다 만 문을 원래대로 되돌렸다. 신상품 아이스
크림이 진열된 것을 곁눈질하며 부식 코너에 가서 주
먹밥 코너로 이동했다.

그곳에는 40대 정도의 여성이 서 있었다. 뭔가를 구
입할 생각이 있는지 미동도 없이 주먹밥을 바라봤다.
방해된다고 생각하며 '잠깐 실례합니다'라고 말을 걸
어서 자리를 비켜 달라고 하지도 못하고 그 주위를 어
슬렁거리는 내가 있었다. 겨우 여성이 다른 곳으로 움

직여서 주먹밥을 선택했다. '서두른 게 아니었어?' 하고 자신에게 괘씸한 마음을 느끼며 주먹밥을 끝에서부터 하나씩 살폈다. 가장 좋아하는 '참치 마요네즈'가 다 팔리지 않고 4개 정도 남아 있는 것을 보며 기분이 좋아졌다. 그러나 왠지 바구니에 넣은 것은 그 옆에 있던 '다시마'였다. 2개를 살까 망설이다 1개만 샀다.

그대로 계산대에 줄을 서서 계산했다. 점원과 '비닐봉투 필요하세요?', '필요 없습니다'라는 대화를 하며 문득 '카페라테도 주세요'라고 말했다. 플라스틱 컵을 받아서 서두르는 발걸음으로 커피 벤더 머신 앞에 섰다. 시계를 보고 초조해지기 시작했다. 플라스틱 컵을 놓고 버튼을 누르며 비닐봉투에서 주먹밥을 꺼내 먹기 시작했다. 카페라테를 받는 사이에 다 먹고 싶었다. 하지만 생각한 것보다 카페라테가 단시간에 다 나오고 말았다. 주위에 사람이 없는 것을 확인하고 주먹밥의 나머지 3분의 1을 입속에 쑤셔 넣었다. 그리고 도망치듯이 편의점을 나왔다. (약 775자)

'왜 그렇게 했는가'라는 이유를 배제하고 사실만 공들여 모으면 자신도 몰랐던 이상한 행동을 취하는 점을 깨닫게 된다.

예를 들면 다음과 같은 상태다.

- 시간이 없다고 자각하면서도 편의점 안을 어슬렁거렸다.
- 음료를 살지 말지도 정하지 못하고 주저했다.
- 여성 고객이 방해된다고 느끼면서도 비켜 달라고 말을 걸지 못했다.
- 좋아하는 참치 마요네즈 주먹밥을 공들여 확인했는데도 다시마를 선택했다.
- 결국에는 카페라테를 구입했다.
- 카페라테를 받으면서 주먹밥을 먹었다.

이는 다 무의식의 행동이다. 모순된 행동의 배경에는 다양한 심리가 숨어 있을 것이다.

하루 10분도 상관없으니 돌이켜보고 언어화하는 시간을 가져보자. 한 달쯤 지나면 순조롭게 생각해낼 수 있게 된다.

자신도 몰랐던 사실을 찾을 수 있게 되면 저절로 고객의 말과 행동에서 새로운 사실을 모으는 힘이 단련된다.

익숙해지면 언어화의 범위와 영역을 넓혀 보자.

(1) '24시간 이내의 행동'을 언어화한 후 다시 그 전
후에 일어난 일을 모두 똑같이 상세하게 써서 기
록한다.
(2) '예전 일'에 대해서 당시 어떤 행동을 했는지 상
세하게 생각해서 써 보기 바란다.

예를 들어 보겠다.

• 에버랜드에 처음 갔을 때 무엇을 했는가?
• 스타벅스에 처음 갔을 때 어떻게 행동했는가?
• 처음 이직했을 때 어떻게 출근했는가?

이처럼 당신에게 처음 일어난 순간으로 타임머신을 타고 가
서 그때의 광경을 극명하게 떠올려 보자. 이 훈련을 쌓으면 고
객의 말과 행동을 놓치지 않고 그 배경에 있는 마음의 움직임
을 포착할 수 있다.

》STEP 2 자신의 '감정', '의식'에 숨어 있는 마음을 발견한다

STEP 1의 작업에서 행동을 정성껏 조사하게 되면 그다음에는 감정, 의식을 깊이 이해하자. 여기서 중요한 것은 자신이 지금 당연하게 해석한 일을 일단 재설정하는 것이다. 또 감정, 의식을 만들어낸 '마음'을 이해하는 연습을 한다.

우리는 사회인이 되자마자 '비즈니스에서는 사실을 토대로 해서 객관적으로 말해야 한다', '주관으로 매사를 결정하거나 의견을 말하는 것은 당치도 않다' 등 가치관을 배운다. 논리적인 태도를 취해야 옳다고 생각하며 뭔가에 대해서 근거가 필요할 것이다. 그 결과 자신의 행동에 대해 이유를 물어보면 어떤 핑계를 대서 논리적으로 설명하는 것이 습관화되었다. 게다가 그게 진짜 이유인지 검증도 안 하고 옳다고 맹신한다.

일종의 사고 정지에 빠진 사람이 대부분을 차지한다. 자신은 냉정하고 논리적인 타입이라고 생각하는 사람일수록 주의해야 한다.

어떤 부하 직원이 체험한 일을 토대로 해서 해석의 재설정과 재해석 방법에 대해 설명하겠다.

회의가 시작됐을 때 그녀는 '오늘이야말로 시간 안에 대화를 끝내자', '결정해야 할 일은 반드시 정하자'라며 적극적인 자세로 참가했다고 한다. 그러나 막상 대화가 시작되자 좀처럼 이야기가 진전되지 않았다. 이미 정해진 것을 전제로 이야기하는데 상대방이 잊었거나 '역시 다르다'고 말하는 등 스타트라인이 모호한 채로 이야기가 여러 번 바뀌어 순식간에 한 시간이 지나가고 말았다.

'이래서는 오늘 결정하고 싶었던 이야기를 못할 수 있어'라고 점점 부정적인 마음이 부풀어 올랐다고 한다. 마지막 5분 안에 용기를 짜내서 '오늘은 ○○에 대해서 결정하고 싶습니다'라고 이야기를 되돌렸지만 시기를 놓쳐서 시간이 다 되고 말았다는 이야기였다.

왜 그녀는 회의 종료 5분 전이 될 때까지 참고 듣기만 했을까? 그녀에게 물어보니 이렇게 대답했다.

"상대방은 자신의 인식이 어긋났다고 인식하지 않아서 갑자기 지적해도 이야기를 들어 주지 않을 것 같았습니다. 여기서는 제가 참고 상대방의 기분을 상하지 않게 일일이 인식 차이를 지적해야 본제로 되돌아갈 수 있다고 생각했습니다. 하지만 애초에 인식이 어긋난 것은 상대방이 이 프로젝트에 책임감을 갖지 않았기 때문이라고 느꼈고 그것에 짜증이 났습니다."

여기서는 그녀의 '짜증'이라는 감정의 움직임에 주목해 본다. 먼저 감정과 의식이 크게 움직인 순간을 물어봤더니 몇 번이나 말한 내용을 자신에게 질문했을 때 짜증났다고 한다.

그럼 그때 느낀 초조함과 비슷한 감정을 지금까지 경험한 적이 있을까? 그녀의 경우 '쓰레기장에서 느낀 적이 있다'고 대답했다.

"쓰레기장에는 쓰레기를 버린 후에 반드시 까마귀 방지 그물을 치기로 약속되어 있습니다. 하지만 때때로 이 그물을 치지 않고 그대로 쓰레기가 놓여 있는 것을 봅니다. 살아가려면 어느 정도의 규칙이 필요하고 반드시 지켜야 하는데 자기 멋대로 규칙을 깨는 것을 보면 용서할 수 없는 기분이 듭니다."

그다음에 짜증이라는 감정이 솟아났을 때의 자신을 동물에 비유해 보라고 했다. 그녀가 떠올린 것은 '흉포한 호랑이나 사자'였다.

한편 이번과는 다른 짜증에 대해서도 떠올려 보게 했다. 비슷해 보이지만 다른 짜증나는 상황으로 예를 든 것은 '전철에서 앉으려고 한 순간 뒤에서 온 사람이 자신을 밀어내고 눈앞의 좌석에 앉았을 때'였다.

이때의 감정을 동물에 비유하면 '산미치광이'라고 말했다. 흉포한 호랑이나 사자가 나올 때와 산미치광이 정도로 수습될 때는 뭐가 다를까?

그녀는 잠시 생각한 후 다음과 같이 대답했다.

"회의 때 인식이 어긋난 상태로 장황하게 이야기를 탈선시키는 행위는 '관계된 사람 모두에게 폐를 끼치는 일'이지만 전철 안에서 일어난 일로 민폐를 입은 것은 나뿐이었습니다. 그 점이 다를 수도 있겠네요."

가족이나 삶에 대해서 차분히 질문해갔다. 그러는 동안 문득 돌아가신 아버지가 '남한테 폐를 끼치면 안 된다'고 반복해서 말했다고 했다. 정말 사랑하고 존경하던 아버지였다고 한다. 회의 중에 짜증난 것은 처음에 말한 것처럼 '인식의 차이', '무책임한 태도'에 화가 났다는 것도 있을 것이다. 하지만 그보다 더 남한테 폐를 끼치는 행위에 대한 분노의 심리가 작용했다고 해석할 수 있다.

우리의 감정이나 의식은 표면화된 것이다. 예를 들어 희로애락은 자각할 수 있고 무엇을 느꼈는지도 인식해서 설명할 수 있다. 문제는 이런 감정이나 의식이 자신도 모르는 마음— 심층 심리로 만들어졌다는 점이다. 평소에 그 마음을 간파하는 연습을 하자.

》 STEP 3 마음의 뚜껑을 여는 힘을 터득한다

STEP 1에서는 행동을 바라보고 뜻밖의 행동을 발견했다. STEP 2에서는 감정, 의식을 만들어내는 마음을 분석했다. 여기서는 마음속 깊은 곳에 접근하는 훈련을 하겠다. 이는 무의식중에 스스로 굳게 닫힌 '마음의 뚜껑'을 여는 연습이다.

지금부터는 내가 실시하는 '인사이트 발견 워크숍'에서 주고받은 대화를 예로 들어가며 진행하겠다.

"당신에게 스타벅스에 가는 인사이트는 무엇입니까?"

이렇게 질문했을 때 당신은 어떻게 대답하겠는가?

"자유롭게 일할 수 있는 쾌적한 장소입니다."

"피곤할 때 스타벅스에 가면 마음이 편안해집니다."

"멋진 분위기가 마음에 듭니다. 굳이 말하자면 서드 플레이스라고 할까요?"

이는 '실제로 그렇게 생각했다'는 것일 수 있지만 유감스럽게도 표면상의 허울 좋은 말일 뿐이다.

나는 이 상태를 '마음의 팬츠'를 입었다고 표현한다. 누구의 마음속에나 외면하고 싶어지는 질척거리는 뭔가가 존재한다. 그 존재는 콤플렉스일 수도 있다. 아무에게도 보여 주고 싶지 않은 약한 부분, 자신도 지긋지긋해하는 사악한 마음일지 모른다. 평소에는 긍정적으로 밝게 살아가기 위해서 확실히 봉인한 것이다. 인사이트를 이해하려면 이 어두운 부분을 들여다봐야 한다.

겁내지 말고 자신 안에 있는 어둠에 발을 디뎌 보자. 어떤 마음이 떠올랐는가?

'능력 있는 직장인으로 보이고 싶다.'

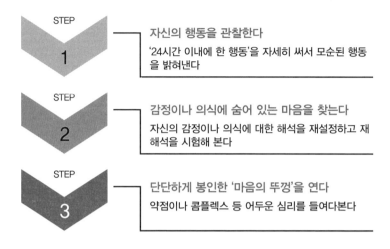

STEP 1
자신의 행동을 관찰한다
'24시간 이내에 한 행동'을 자세히 써서 모순된 행동을 밝혀낸다

STEP 2
감정이나 의식에 숨어 있는 마음을 찾는다
자신의 감정이나 의식에 대한 해석을 재설정하고 재해석을 시험해 본다

STEP 3
단단하게 봉인한 '마음의 뚜껑'을 연다
약점이나 콤플렉스 등 어두운 심리를 들여다본다

3단계에서 자신의 '마음'을 아는 것이 고객의 마음을 이해할 때 중요하다

'스마트하게 일을 처리하는 자신을 연출하지만 자신의 능력이 부족함을 알고 있다.'

'사실은 공부하거나 뭔가 노력하거나 남에게 고개를 숙이는 행동을 해야 한다는 사실을 알고 있는데도 도망친다.'

이런 마음을 받아들여 주는 조금 편하게 해주는 장소가 스타벅스였다고 깨달았을 때 자신과 주위 사람들의 마음을 움직이는 뭔가가 희미하게 떠오른다.

워크숍에서는 "나는 마음의 팬츠를 벗었다고 생각했는데 아직 '부끄럽다', '보기 흉하다' 등 자존심에 얽매인 자신을 깨달았습니다. 충격이었습니다……"라는 식으로 고개를 숙이는 참가자도 여러 명 봤다. '자존심을 버리고 자신의 마음을 들여다보자. 그 용기를 가져야 진정한 자존심이다'라고 격려한다.

여성은 '밤중에 혼자서 소고기덮밥을 먹으러 간다'는 행동을 바라보며 '나한테 상관하지 마'라는 심리가 있다는 것을 깨달았다. '출근하기 전에 반드시 세븐 일레븐에서 커피를 산다'는 남성은 그곳에 '도망치고 싶다. 하지만 도망치지 않는다'라고 자신을 분발하게 하는 감정이 있었다고 알려 주었다.

자신의 마음을 깊이 검증하고 자신의 마음을 흔드는 뭔가를 알아낸다. 이런 방법이 실제 비즈니스에 도움이 되는지 이 시점에서는 모르겠다. 인사이트의 정답은 하나가 아니기 때문이다. 이 세상에는 무수한 인사이트가 있고 수많은 사람에게 공통적인 것도 있는가 하면 일부 사람 외에는 전혀 맞지 않는 것도 있다. 단, 자신의 인사이트를 이끌어내는 힘을 터득하면 다른 사람의 인사이트를 찾아내는 힘이 생긴다는 것이 중요하다. 반대로 말하자면 자신의 인사이트도 모르는데 다른 사람의 인사이트를 이해한다는 것은 도저히 말도 안 되는 이야기라는 뜻이다.

》 마음의 팬츠를 벗으면 고객의 마음이 보인다

자신의 마음속 깊은 곳에 있는 다크사이드를 들여다보면 고객의 마음을 찾는 시야가 넓고 깊어진다. 예를 들어 거동이 불편해진 노부모의 간병에 고민하는 가족이 있다고 하자. 배설물을 처리하며 그 냄새에 시달린다. 그곳에는 '어떻게든 소취할 수 없나?'라는 니즈가 있다.

이 뉴스를 순순히 받아들였다고 하면 소변이나 대변 냄새를 없앨 수 있는 상품을 만들고 패키지로는 '노인, 간병 침대 주변의 냄새를 탈취'라고 노래하게 될지도 모른다.

이 마케팅 전략은 언뜻 보면 옳은 것처럼 보이지만 그곳에는 '고객의 마음'을 이해하려고 하는 자세가 없다.

나이를 먹는 것에 대해서 자신이 어떻게 느끼는가? 마음의 팬츠를 벗어 본다.

'50세가 되든 60세가 되든 아직 현역으로 지내고 싶다.'
'베테랑이네 중진이네 해도 조금도 기쁘지 않다. 오히려 노

인 취급 받는 것 같아서 괴로워진다.'

'남 앞에서는 깨끗하게 죽고 싶다고 폼을 잡지만 속마음을 말하자면 어쩔 수도 없어서 불안하다.'

'언젠가 인간으로서의 존엄이 사라져가는 날이 올 것인가 생각하면 무서워서 견딜 수 없다.'

그런 마음의 소리가 자신의 마음속 깊은 곳에서 들려온다.

나이가 들 때마다 마음의 팬츠 안에서는 노화에 대한 공포심과 불안이 커지지 않을까? 그것이 어떤 불안인지는 모르겠지만 확실히 그곳에 있었다. 보고 싶지 않은 자신의 마음을 찾았기 때문에 자리에 누워 움직이지 못하게 된 노인의 아픈 마음이 들여오는 듯한 기분이 든다. '존엄을 지켜 달라'는 마음의 외침이 들려온다.

그런 생각을 안고 싸우는 사람의 침대 옆에 '노인, 간병 침대 주위의 냄새를 탈취'라고 적힌 탈취제를 놓을 수 있을까?

그런 것을 당당하게 놓은 것을 보면 분명히 서글퍼질 것이다. 살아갈 기력을 잃을 수도 있다. 이것이 마음의 팬츠를 벗은 사람만이 찾아낼 수 있는 인간 이해의 힘이다.

탈취제를 놓는 것은 나쁘지 않다. 하지만 패키지에는 '노인 냄새'라는 글자를 확실히 기재하지 않는다. 아이디어를 내면 꽃다발과 화병으로 보이는 탈취제를 만들 수도 있다. 노인도 눈으로 치유되고 존엄도 지킬 수 있는 탈취제의 기획이다.

실제로 이것을 판매할 수 있을지는 별개로 하고 그런 '마음'이 있는 마케팅이 탄생한다.

여기까지 자신의 마음 포인트를 찾는 기술을 연마하는 방법을 소개했다.

마음 포인트를 알아내려면 고객으로서 자신의 행동이나 감정, 의식에 주목하여 극명하게 재현하고 이런 것을 만들어내는 자신의 심리를 깊이 이해해야 한다. 일류 마케터가 되기 전에 '일류 소비자'가 되어야 한다.

제품은 '기능'뿐만 아니라
'마음'으로 팔린다

'자기 시점'에서 벗어나는 것이 마음을 이해하는 첫걸음

'고객을 위해서'라는 말이 세상이 넘쳐나는데, 그 실태는 '자신들을 위해서'인 경우가 허다하다.

예를 들면 고객의 니즈에 부응한 신상품을 개발했다고 하자. 그러나 동종업계 회사와 차별화할 수 있는 훌륭한 기능이 있는데도 좀처럼 그 상품이 팔리지 않는다. 원인이 '가치가 고객에게 전해지지 않았기 때문이다'라고 생각해서 더 많은 고객이 인지할 수 있게 광고에 힘을 쏟고 정보 발신도 연구한다. 이런 모든 것이 '자기 시점'을 근거로 한다.

'마음' 마케팅을 실천하려면 고객을 위해서라고 생각할 뿐만 아니라 '고객 시점'이 되어야 한다. 기업 입장에서 고객을 분석하지 말고 고객의 입장에 서서 마음을 이해하여 생각하는 것이 중요하다.

나도 예전에는 고객의 입장에 섰다고 생각했는데, 내 시점의 시책이 되어 성과를 얻지 못하고 계속 고민하던 시기가 있었다. 그래서 실패하거나 성공한 일 등 구체적인 사례를 섞어가며 고객의 마음을 이해하고 히트 상품을 만들어내기 위한 과정을 설명하겠다.

》 탈취 플러그가 '작지만 방 전체 탈취'로 인기를 얻은 이유

에스테에는 '탈취 플러그'라는 상품이 있다. 콘센트에 플러그를 꽂아서 탈취 방향제를 히터로 방에 퍼뜨리는 방식인데, 발매 당시에는 아직 보기 드문 제품이었다.

당초 에스테의 사내 회의에서 올라온 어필 포인트는 다음과 같다.

- 벽의 콘센트에 직접 꽂는다. 전원 탭 등은 NG
- 탈취 방향제를 전기로 따뜻하게 한다.
- 온도를 일정하게 유지하는 안전 히터와 과전류를 방지하는 안전 퓨즈 탑재
- 사용 시작부터 끝까지 일정한 효과가 지속된다.

- 약 8평까지 효과가 퍼진다.
- 식물 추출 성분이 있어서 기분 나쁜 냄새를 효과적으로 탈취한다.
- 하루 종일인 24시간 연속으로 사용해도 약 60일 동안 효과가 지속된다.
- 전기세는 한 달 20엔(당시)
- 여러 가지 향기를 선택할 수 있다.

획기적인 제품이기 때문에 알리고 싶은 점이 산더미처럼 나왔다. 마케팅의 정석대로 승부하면 이 특징 중에서 가장 고객에게 잘 통할만한 요소 두 가지를 선택해 그 가치를 고객에게 인식시키기 위한 시책을 실시했다.

개발 당초 탈취 플로그가 내건 메시지는 '전자 파워로 구석구석까지 탈취!'였다. 독자적인 기능인 전자의 힘을 전면적으로 내세웠지만 좀처럼 대박이 나지는 못했다.

어떤 점이 부족했을까?

제조사로써 어떻게 어필하면 고객에게 통할까?

자문자답하는 나날이 이어지는 가운데 문득 '상품으로 생각하지 말아 보자'고 결심했다. 기업 사람들은 무의식적으로 자신들의 상품, 서비스가 얼마나 훌륭한지 열변을 늘어놓기 쉽다. 하지만 그것은 고객에 정말로 듣고 싶은 이야기일까? '제조사가 전하고 싶은 것'과 '고객이 알고 싶은 것'의 차이를 메우기 위해서 탈취 플러그를 사용한 고객, 사용하지 않은 고객을 대상으로 한 그룹 인터뷰를 거듭했고 그 대화 내용을 분석했다.

고객은 당시 '탈취제는 기존대로 비치하는 타입으로 충분해서 곤란하지 않다'는 사람이 대부분이었다. 그러나 '우리 집은 콘센트가 적다'는 코멘트를 들었을 때 문득 깨달았다.

이는 넌지시 '집이 좁다'고 하는 말이 아닐까? 그렇게 생각하니 '비치하는 타입으로 상관없다'는 말의 의미도 달라졌다.

'어차피 숨겨서 사용하니까 비치하는 타입이든 콘센트 타입이든 상관없다.'

그런 식으로 해석할 수 있다. 이런 것을 근거로 생각한 결과 탈취 플러그의 강점은 그 크기에 있다는 결론에 이르렀다. 작기 때문에 '방이 좁아도 괜찮다', '숨기지 않아도 눈에 띄지 않는다' 등 해결책을 제안할 수 있지 않을까 생각했다.

이렇게 해서 '작지만 방 한 면을 소취'라는 카피 라이팅이 탄생했다.

2006년 10월부터 방송한 '탈취 플러스 ~영주님, 알려 주세요!' 시리즈에서는 오오쿠의 여성들이 손바닥 위에 탈취 플러그를 올리고 앞다퉈 콘센트에 꽂는다. 영주님이 '작은 것으로 다투지 말라'고 나무란다.

'작지만 방 한 면 탈취, 탈취 플러그'라는 내레이션으로 매듭 짓는 CM이었다. TV CM 방송과 동시에 탈취 플러그의 매출은 배로 증가했다.

탈취 플러그 CM에서는 애초에 어필 포인트 후보에도 거론되지 않았던 '크기가 작다'라는 특징이 매출에 큰 영향을 줬다. 이는 자기 시점으로 깨닫지 못한 가치를 고객 시점으로 이끌어 낸 좋은 사례라고 할 수 있겠다.

》 사람은 왜 '방충제'를 구입할까?

또 다른 사례를 소개하겠다. 에스테의 간판 상품 중 하나로 의류 방충제 '무슈다'가 있다. 옷을 바꿔 입을 시기에 서랍장이나 옷장에 이 상품을 설치하기만 하면 벌레로부터 의류를 지켜주는 기능이 뛰어나 봄과 가을에 집중적으로 팔리는 계절상품이다.

'♪냄새가 배지 않는 무슈다'라는 사운드 로고의 인지와 함께 지금은 의류용 방충제 시장에서 압도적인 점유율 1위를 자랑한다.

하지만 이 상품에도 과제가 있다. 생활양식이 크게 변화하는 점이다. 기모노에서 양복으로 바뀌고 패스트 패션 보급으로 똑같은 옷을 계속 입는 습관이 점점 줄고 있다. 예전에는 어느 집에나 서랍장이 당연하게 있었다. 그러나 지금은 서랍장보다 옷장이 있는 생활로 변화했다.

지금까지 방충제의 가장 핵심 니즈는 '양복이 좀먹는 것을 피하고 싶다'였다. 그런데 유행하는 옷을 저렴한 가격에 구입해서 계절마다 구입하는 생활로 변화하는 가운데 애초에 옷이 좀먹은 경험을 한 사람이 감소하고 있다.

좀먹은 경험이 없으면 이를 문제점으로 파악하지 않게 되어 방충제가 필요 없다고 해도 이상하지 않다. 그래서 에스테에서는 오랜 기간에 걸쳐서 '좀먹음의 고충'과 '방충제의 의의'를 전달하는 마케팅으로 핵심 기능 가치를 계속 전달했다.

하지만 2018년에 큰 전환점을 맞았다. 계기는 에스테와 우호 관계에 있는 후마킬라 연구소를 방문했을 때였다. 연구소에서

'무슈다 그곳에 있다 편'은 벌레를 싫어해서 다가가고 싶지 않다는 잠재의식을 시점으로 제작했다. 2018년 5월 '상반기호감조사'(CM종합연구소 조사)에서 작품별 종합 1위를 차지했다.

는 온갖 벌레를 키웠다. 그중에는 전 세계의 바퀴벌레도 포함되어 있었다. 본 순간 무심코 견학자 모두가 뒷걸음질을 쳤다.

연구원이 "이 바퀴벌레에는 나쁜 균이 전혀 없으니 안심하세요"라고 설명했지만 머리로는 알고 있어도 공포가 앞섰다. 그 후 살충제를 사용한 실험을 별실에서 견학했는데, 연구에 대한 존경의 마음과는 모순되게 뒷걸음질 치는 자신들이 있었다.

비슷한 광경을 본 적이 없을까.

기억을 더듬어보니 내 아이들의 모습이 떠올랐다. 나에게는 세 아이가 있는데, 모두 엄청나게 벌레를 싫어한다. 집안에서든 밖에서든 벌레를 보면 '아빠! 벌레!!' 하고 나를 불러서 구제를 재촉한다. 해충이든 아니든 상관없다. 아무튼 벌레는 기분 나빠서 다가가고 싶지 않은 존재다. 아빠한테 맡기고 상관하지 않도록 하는 것이 일과였다.

'무슈다'는 어쩌면 우리 아이들에게서 '나'와 같은 존재라고 깨달았다. 자신을 대신해서 의류에 벌레가 다가오지 못하게 해 준다. '무슈다'가 있으면 좀먹어서 애태울 필요도 없고 자유롭게 생활할 수 있다.

이것이야말로 '마음의 가치'라고 생각했다.

그 시점을 기반으로 '무슈다 그곳에 있다 편'이라는 TV CM을 제작했다. 오리지널 캐릭터인 무슈 구마오가 방충제를 들고 서 있다. 그 옆에서 탤런트인 다카하시 아이 씨가 '나와 그곳에 있지!'라고 외치면 '♪ 벌레, 벌레, 벌레, 벌레'라는 느린 음악과 함께 벌레들(전신 타이즈 차림의 남성들)이 꿈틀대며 나타나는 연출이다. 이 CM의 가장 큰 특징은 서랍장에서 3미터나 떨어진 곳에서 '나와' 하고 벌레를 쫓아내는 장면이다. 고객의 '벌레에 상관하고 싶지 않다', '해충 방지는 무슈다에게 맡기고 싶다'는 심리에 응한 묘사였다.

완성된 TV CM을 2018년 4월부터 방송하자 같은 해 5월 '상반기호감조사'(CM종합연구소 조사)에서 작품별 종합 1위를 차지했다. 이는 니시카와 다카노리 씨와 미겔(Miguel Guerreiro)이 처음으로 함께 연기한 2011년 8월 전기의 소취력 CM 이후의 기록이었다. 또 매출과 시장 점유율도 순조로운 추이를 보였다.

》》 똑같은 방충제라도 '의류'와 '쌀'에서는 의미가 달라진다

'무슈다'에 대한 고객의 심층 심리에는 무엇이 있을까? 그 질문에 대한 답이 '벌레를 상대하고 싶지 않다'라는 사실을 알았다. 그럼 이 인사이트는 모든 방충제에 공통으로 해당할까? 아니다. 언뜻 보기에는 똑같은 상품 카테고리라도 대상이 다르면 인사이트에 큰 차이가 생긴다.

그 전형적인 사례가 '쌀당번(米唐番)'이라는 상품이다. 고추 모양의 용기 속에 고추 젤리가 들어 있는데, 쌀통에 넣어 두기만 하면 쌀을 먹는 바구미가 접근하지 못해서 꽤 편리하다.

고객에게 어떤 메시지를 전달할 것인지 생각할 때 먼저 매출과 시장 점유율, 경쟁 상품, 판매처의 상황, 현재 고객의 의견, 계절 변동, 쌀 구매 상황과 벌레가 발생한 사람이 얼마나 있는지 등 사용 실태에 이르기까지 철저하게 조사한다.

기존의 마케팅 수법을 써서 고객의 마음이 어디에 있을 것 같은지 가늠해 본다. 그런 다음 고객의 마음을 알아내는 작업에 들어간다.

상품의 특징으로 고객의 평가가 높은 점은 주로 '고추 젤리', '천연 성분', '쌀통에 넣기만 하면 되니 간편하다', '쌀에 냄새가 배지 않는다'였다. 또한 '벌레 고민으로부터 벗어난다'는 안심을 느끼는 점도 재확인할 수 있었다. 이런 기능 가치와 정보 가치까지는 기존의 마케팅 수법으로 비교적 쉽게 파악할 수 있다. 하지만 크게 히트시키기 위한 요인은 이것만으로는 부족하다. 더 큰 성공의 돌파구를 원할 때 나는 기능과 정보 가치에 '마음의 가치'를 더하도록 신경 쓰고 있다.

매출을 올려야 하는 입장에 있는 마케터는 담당 상품을 기점으로 생각하기 쉽다. 그러나 고객이 상품을 생각하는 시간이 거의 없고, 있다고 해도 매우 짧다는 점이 중요하다. 자기 자신을 돌아보면 바로 알 수 있다.

여러분은 최근 1년 동안 '쌀당번'에 대해서 얼마나 생각한 적이 있는가? 아마 1초도 없다는 사람이 대부분을 차지할 것이다.

예를 들어 맥주를 좋아하는 사람도 아침에 일어나서 밤에 자기 전까지 상품명이나 브랜드명을 생각하는 시간이 적을 것이다. 기업이 생각하는 만큼 자신들의 상품을 고객은 생각해주지 않는다. 하물며 '쌀당번'과 같은 특정 분야의 상품인 경우 고객의 머릿속에는 거의 존재하지 않는다고 단언할 수 있다. 하지만 상품과 관련된 생활 전반에까지 시야를 넓히면 뜻하지 않은 기회를 만날 수 있다.

일상의 우연한 대화가 발상의 힌트가 될 때도 많다. '쌀당번'의 상품명은 전혀 말하지 않고 식사나 요리, 또 평소에 쌀을 어떻게 보관하는지를 주제로 이야기를 듣는다.

그렇다고 설문조사나 인터뷰와 같은 것은 하지 않는다. 질문 공격도 금물이다. 그저 끝없이 즐겁게 대화하며 여성들의 속마음에 귀를 기울인다.

"냉장고 식자재가 나중에 보니까 유통기한이 지나서 실패했다고 느꼈어요."

"나도 그런 적 있어요! 요전에 채소가 썩었다니까. 아까운 짓을 하고 말았네."

"쌀은 최대한 소량으로 구입하고 냉장고에서 보관해요. 전에 벌레가 끓어서 기분 나빴어요. 왠지 미안하더라고요."

차근차근 물어보면 채소나 육류를 못 쓰게 만들었을 때는 '아깝다', 쌀에 벌레가 생기면 '미안하다'고 무의식중에 말을 구분해 사용하는 모양이다.

거기서 조금 더 자신이 마음에 깊이 숨어들어 그 심리를 바라본다. 나는 아무래도 쌀을 '깨끗하고 귀중한 음식'으로 생각하는 듯하다. 어렸을 때 어머니나 조부모에게 '농부가 지은 소중한 쌀이니까 밥알을 남김없이 먹도록 해'라는 말을 반복적으로 들었던 일이 생각난다. 우리에게 쌀은 다른 음식과는 또 다른 신성한 존재가 아닐까 깨닫게 된다.

그래서 '쌀당번'의 마케팅 전략을 생각할 때 주제를 '문화를 지키자'로 삼았다. 과장스러운 주제라고 생각할 수도 있지만 쌀이 가진 신성한 이미지에 딱 어울린다고 생각했다.

♪ 쌀벌레를 방지하는 '쌀당번'
♪ 고추의 힘이야 '쌀당번'
♪ 문화를 끝까지 지켜라

♪ 쌀 쌀 쌀 쌀 '쌀당번'

이 '쌀당번'의 TV CM에서는 작사 작곡부터 플래닝, 감독까지
담당했다. 매장 앞에 설치하는 보드와 홈페이지도 '문화를 지
키자'로 통일했다. 기능, 정서 가치와 마음의 가치를 합해서 만
든 마케팅을 전개했다. 쌀통 방충제 시장에서 최고 점유율을
갱신했고 현재도 1위 자리를 지키고 있다. 이렇게 똑같은 방충
제라도 '무슈다'와 '쌀당번'은 거기에 있는 고객의 인사이트가
완전히 다르다는 점을 이해하겠는가?

물론 모든 상품, 서비스에서 핵심 기능의 가치는 반드시 필
요하다. 하지만 그뿐만 아니라 다른 마음의 가치로 판매되는
사실도 있다. 이를 본인도 모르기 때문에 '나는 마음으로는 사
지 않았다. 확실히 합리적으로 행동한다'고 말한다.

'무슈다'와 같은 가격대가 낮은 소비재뿐만이 아니다. 자동차
나 집 등의 고액 상품도 합리적인 판단만으로 구입하지 않는
다. 그것이 인간다운 행동이라고 생각한다. 고객은 마음을 갖
고 있다. 그렇기에 자기도 모르는 사이에 마음으로 구매한다
는 당연한 사실이 있다. 그 점을 확실히 이해해야 상품 개발을

포함한 마케팅 활동의 큰 지침이 된다.

》 '여고생은 어떤 사람인가?'로 알 수 있는 사고정지의 실태

사회인을 대상으로 마케팅 수업을 할 때 나는 자주 이런 질문을 한다.

"여러분, 여고생은 어떤 사람일까요?"

사실은 머리의 굳은 정도를 확인하는 리트머스 시험지와 같은 역할을 하는 질문이다. 성별 차이는 있지만 예전에는 고등학생이었던 경험이 있는 사람이 대부분을 차지해도 대체로 형식적인 대답에 치우친다.

"여고생은 유행에 민감합니다."
"여고생은 친구와 함께 놀아요."
"여고생은 연애를 꿈꿔요."
"여고생은 멋쟁이입니다."

재미있게도 전 여고생인 30~40대 여성들에게 '본인도 그랬습니까?'라고 물어보면 거의 모든 사람이 '나는 아니었다'고 대답한다. 그도 그럴 것이 여고생이라고 해도 각양각색이다. 플랫폼에서 전철을 기다리는 시간에도 교과서를 펼칠 정도로 공부에 열심인 학생이 있는가 하면 원예부에서 꽃을 키우는 일에 열중하는 학생, 브라스밴드부에서 전국대회를 목표로 하는 학생도 있을 것이다.

사이좋은 상대와 함께 어울리기는커녕 사실은 마음이 맞지 않은 상대방과는 친구인 척하며 지내는 학생도 있을지 모른다. 부모나 형제와 갈등을 느끼면서도 웃는 얼굴을 일부러 만들어 학교에 다니는 학생이 있는가 하면 부담감에 져서 교실에서 멀어진 학생도 있지 않을까?

그런데 왜 형식적인 대답만 나올까?

이유는 두 가지로 생각할 수 있다.
먼저 사실에 입각한 근거 있는 마케팅을 목표로 한 나머지 숫자로 바꾸기 쉬운 관점에만 시선이 쏠린다는 점이다. "n(분모)은 얼마입니까?"라는 질문이 상징하듯이 도대체 몇 명에게 적용되는 사상인가라는 판단을 늘 강요당하면 이해하기 쉽게 형식적인 해석만 나오게 된다.

　두 번째로 매스컴의 보도를 곧이곧대로 받아들이는 폐해의
표현이다. 보도 프로그램에서는 '여고생 사이에서 인기 폭발입
니다!'라는 문구가 자주 등장한다. 버라이어티 프로그램에서
도 활짝 웃는 여고생이 친구와 함께 떠드는 장면이 반복적으로
나타난다. 확실히 여고생 사이에서 화제가 된 것을 계기로 크
게 히트한 상품이나 서비스도 있을 것이다. 그러나 잘 생각해
보면 유행을 추구해야 친구들과 어울릴 수 있다는 사정이 있거
나 즐거운 듯이 인터뷰한 그녀들에게도 많은 고민이 있을지 모
른다.
　카메라 앞에서만 '긍정적'인 부분을 집중적으로 표현했을 수
도 있다.

　TV 프로그램은 시청자의 마음을 순식간에 끌어당기는 뭔가
를 중시해서 편집된다. 수십 명을 인터뷰하더라도 다 사용하
지 않는 것은 당연하다. TV의 입장에서 재미있는 사람과 장면
을 골라 잘 편집한다. 그것 자체는 잘못된 보도나 미리 꾸민 각
본도 아니지만 잘린 사실을 서로 연결하면 원래의 상태와는 다
른 인상을 줄 때가 많다.

이것이야말로 '형식적인 여고생'이 머릿속에 존재하는 이유다. 이는 여고생에 한정된 이야기가 아니다.

'20대 주부'나 '60세 이상의 시니어' 등 마케팅으로 쉽게 파악할 수 있는 모든 고객 카테고리에서 일어나는 사고정지의 전형적인 사례다.

》 고객의 '마음'을 모르겠다면 모든 수단을 사용한다

에스테는 1998년부터 문화 사업을 시작했는데, 2003년 이후 삿포로에서 후쿠오카까지 일본 전역 여덟 군데에서 뮤지컬 〈빨간 머리 앤〉을 개최했다.

매년 4~6월에 웹이나 매장 앞, CM, 신문광고 등으로 관람 모집을 알리고 추첨에 뽑힌 2만 명을 무료로 초대하는 프로젝트다. 매년 20만 명이 넘는 사람들이 응모하기 때문에 당첨되지 않는다. 역대 앤은 다나카 레이나, 가미시라이시 모네, 다카하시 아이, 간다 사야카 등 노래와 연기가 뛰어난 사람들이 맡았다. 다카라즈카 출신의 안나 준, 오우 나쓰키, 동요 일인자인 오와다 리쓰코, 최근에는 가창력이 뛰어난 사쿠라 마야도 출연했다.

여전히 계속 개최되고 있으며, 지금은 일본에서도 유명한 뮤

지킬 중 하나가 되었다.

이 프로젝트의 가장 큰 특징은 에스테가 단순한 스폰서로 돈을 낼 뿐만 아니라 사원이 모든 활동에 참여하는 점이다. 극장에서는 매번 에스테의 사원 약 30명이 스태프 티셔츠를 입고 인터컴이라고 하는 통신기기를 착용해 이벤트 스태프와 같은 일을 한다.

자신들의 고객을 실제로 맞이하며 티켓 한쪽을 뜯고 극장 안에 안내하며 배웅했다. 매년 2만 명이 넘는 고객과 만나며 직접적인 대화를 경험하면 고객 시점을 가질 수 있을 것이라고 생각해서 시작한 일이었다.

공연 당일 스태프로 모여서 고객을 진심으로 맞이하자고 이야기하고 본 공연이 시작되었다. 첫해부터 마음을 담아 대접하고 싶다는 기분으로 정성껏 응대했지만 진전이 없었다고 반성했다. '대접하고 싶다'는 자신의 시점이고 고객의 시점이 되지는 못했다.

이듬해 그 점을 새삼 통감했다. 공연 날 아침, 극장 앞에는 이미 수백 명의 관객이 줄 서 있었다. 선착순으로 좌석을 할당했기 때문에 그중에는 밤새워 줄 선 사람도 있을 정도였다.

나는 맨 앞에 선 사람에게 가서 말을 걸었다. 스태프 티셔츠를 입은 사람이 갑자기 옆에 앉아서 고객은 깜짝 놀랐다. 특별히 질문하지 않고 관람 모집글을 본 후 응모해서 당첨되어 극장에 오기까지의 이야기를 가만히 들었다.

나는 평소에 줄을 서는 행동을 하지 않기 때문에 그제야 그 기분이나 감정, 생각을 알 수 있었다. 이런 것은 자신의 마음을 사용해서 고객의 마음을 알기 이전의 문제다.

그런 다음 줄의 가운데 쪽으로 이동해 다시 주저앉아서 이야기했다. 또 맨 뒤 줄에도 서 봤다.

어느 순간 내 눈에 물리적으로 보이는 것은 고객의 줄이 아니라 일하는 에스테 사원들이었다. 당연히 에스테 사원 쪽에 있으면 고객의 줄이 보인다. 고객을 보니 자신의 시점 자체라는 점을 깨달았다. 고객 쪽에 앉았기 때문에 보이는 운영진의 모습이 고객이 보는 풍경이라는 당연한 사실을 알 수 있었다. 고객 시점에서 자신의 마음을 사용할 준비를 했다.

고객 쪽에 서서 고객의 마음이 되어 자신의 마음과 대화하자 점점 의문이 생겨났다.

'이 줄은 도대체 왜 생겼을까?'

'앞쪽의 상태는 어떻지?'

'줄에서 벗어나도 원래 자리로 돌아올 수 있을까?'

'화장실에 가고 싶어지면 어쩌지?'

'예정 시간이 되어야 좌석을 할당받을 수 있는 건가?'

'언제 이 상태를 벗어날 수 있을까……?'

고객 시점이 되어서야 기대하고 온 고객의 마음속은 상상한 것보다 '긍정적'이 아니라 '부정적'인 마음으로 혼란스럽다는 사실을 알 수 있었다. 다시 한번 극장에서는 스태프 티셔츠를 벗고 고객의 입장이 되어 자신과 고객의 감정과 마음을 각각 바라봤다.

공연이 시작되기 직전 고객의 대화에 귀를 기울이고 행동과 몸짓 하나하나에 주목했다. '티켓을 교환할 때', '극장에 들어와 자리를 찾을 때', '자리에 앉아서 연극 팸플릿을 펼칠 때' 등 극장을 나가기 전까지의 자초지종을 몰래 관찰했다.

공연 후에 트위터나 블로그 등에 올린 글도 당연히 읽었다.

고객의 마음속 깊은 곳에는 어떤 심층 심리가 있었을까?

'우리를 방해하지 마. 연극에만 집중하게 해 줘'라는 마음은 아닐까?

당연한 결론에 이르렀다.

이는 자신의 시점으로는 알 수 없는 부분이었다. 정성스럽게 응대하기보다 고객에게 '손해되는 시간'을 없애는 것이 고객 시점에서의 대접이라는 점을 이해했다.

이 발견을 근거로 해서 이튿날부터 운영 방법을 수정했다.

스태프는 '좌석 교환 예상 시간'을 적은 보드를 목에 걸고 줄 쪽으로 소리쳤다. 그와 동시에 좌석 교환 시간이 오기 전까지 줄을 벗어나도 괜찮다는 것을 알렸다. 화장실이 있는 장소와 종료 시간 등의 정보도 알렸고 고령자가 있으면 줄을 시원한 곳으로 안내하는 등 개별 응대를 도모했다.

나는 시간을 가늠해서 줄을 선 고객들에게 '뮤지컬 〈빨간 머리 앤〉을 개최하기까지의 경위', '오늘의 볼만한 장면' 등을 유쾌하고 즐겁게 설명하는 방법도 시도했다. 지루한 대기 시간이라는 '부정적인 면'을 조금이라도 잊고 연극에 마음을 향하게 하기 위함이었다. 설명을 시작하자 재미없다는 듯이 줄 서 있던 고객들의 표정이 싹 달라졌다.

개장 시간 전 고객에게 말을 거는 필자. 에스테가 매해 개최하는 뮤지컬 〈빨간 머리 앤〉의 관객과 직접 대화해서 기분과 감정을 이해할 수 있었다.

이야기를 마쳤을 때는 매번 박수가 쏟아졌다. 또한 설명 후에는 즐거운 듯이 줄을 선 모습을 볼 수 있었다.

뮤지컬 〈빨간 머리 앤〉의 출연자도 '살아있는 인간'이다. 눈앞에 펼쳐지는 무대는 전문 배우가 당연하게 연기하는 것처럼 보이지만 절대로 당연한 일은 아니다.

주연인 다나카 레이나 씨는 186개나 되는 대사와 노래 22곡을 부르며 연기했다. 그만한 분량을 외우는 것만으로도 힘들다. 앤으로 변신해서 수차례 연습했다. 수십 명의 출연자도 모두 자신의 역할에 진지하게 도전했다. 무대 연습실에 찾아가서 견학하는 동안 수십 명이 어디에 서서 어떻게 움직이고 어떻게 서로 얽히는지 몸으로 외우는 모습을 직접 보며 그 엄청난 노력에 크게 감동했다.

예를 들면 모든 출연자가 등장하는 오프닝 노래와 댄스 장면은 정말로 우아하게 우리를 빨간 머리 앤의 세계로 끌어들인다. 하지만 눈앞에서 펼쳐지는 연습 장면은 그 이미지와는 완전히 달랐다.

춤출 때마다 괴로운 듯이 어깨를 들썩일 정도로 숨을 쉬며 땀으로 범벅이 되었다. 그래도 속도가 떨어지거나 부딪치지 않도록 몇 번이고 연습을 거듭했다. 모든 장면이 조금씩 축적되어서 본 공연을 맞이하는 것을 알았다.

무대에서 펼쳐지는 연기는 단순히 연습을 재현한 것이 아니다. 연습에서는 본 적 없는 '라이브'다. 똑같은 대사와 노래, 춤이지만 공연마다 다른 앤의 세계가 만들어진다. 거기에는 기술적인 연기가 아니라 출연자들의 서로 충돌한 마음이 생겨난다. 또한 '연기를 잘 봐주세요', '즐기세요'처럼 가벼운 메시지로는 도저히 다 전할 수 없는 마음이 존재한다. '살아있는 나를

있는 그대로 보고 느껴 주세요'라는 영혼의 외침이라고도 해야
할 마음이 담겨 있다.

출연자들의 마음을 전하는 작업을 시작했다.

응모 엽서부터 당첨 통지서, 극장에서 배포하는 팸플릿까지
최대한 솔직하게 채워 넣었다. 이런 식으로 응모할 때부터 줄
을 서서 무대를 본 고객의 마음, 즉 '연극에 마음을 가져가고
싶다'는 주파수와 출연자의 마음 주파수를 겹치는 것을 목표로
했다.

몇 년이나 공연을 올리는 동안 우리 프로젝트 멤버 사이에는
어느샌가 구체적이고 명확한 고객 상이 가정되었다.

그 고객은 대도시에서 한 시간 정도 떨어진 곳에 사는 40대
여성이다. 자식이 둘인데 그중 하나는 휠체어로 생활한다. 근
처에 70대의 어머니가 살아서 집안일과 육아를 도와주시지만
영화 등은 평소에 좀처럼 볼 기회가 없고 하물며 뮤지컬 등은
본 적이 없다. 드럭스토어에서 쇼핑하며 가끔 있는 휴일에는
집에서 한가롭게 보낸다.

그런 와중에 빨간 머리 앤의 2인 초대권에 당첨되었다는 설

정이다.

초대권에 당첨된 이 가족 중에서 누가 극장에 올지 알 수 없다. 자식끼리 올까? 엄마와 아이가 올까? 어쩌면 할머니와 손주의 조합일 수도 있다. 어떤 조합으로 극장을 찾더라도 우리의 빨간 머리 앤을 마음껏 즐길 수 있게 시뮬레이션을 거듭해서 당일을 맞는다.

이 설정은 결코 제멋대로 연상해서 만들어낸 것이 아니다. 수많은 고객의 공통 항목을 뽑아낸 막연한 대상도 아니다. 이 고객이 기뻐하도록 준비하면 우리가 목표로 해야 하는 대접이 완성된다고 생각했다. 우리는 늘 이 가족을 마음속으로 상담하며 준비를 진행한다. 이 가족의 시점에서 시책을 고려하고 할 수 있는 일부터 한다. 그렇게 해서 빈틈없이 꽉 찬 빨간 머리 앤 프로젝트를 성공시켰다.

고객과 똑같은 체험을 하자고 말하면 뭐든지 경험할 수 없다고 반론하는 사람이 반드시 있다.

'남성이니까 여고생은 이해할 수 없다'
'고가의 상품이나 서비스를 경험할 만한 돈이 없다'

우리가 이런 식으로 안 하는 이유, 할 수 없는 이유는 얼마든지 찾을 수 있다. 하지만 그런 말을 늘어놓는 한 앞으로 나아갈 수 없다.

물론 고객과 똑같은 체험을 알 수 없는 일도 있다. 이를테면 대형 바이크 '할리 데이비슨'의 마케팅을 맡았다고 하자. 대형 바이크 면허가 없으면 직접 운전해 볼 수 없다. 그래도 포기하지 않고 상상해 보자.

지금까지의 인생에서 '자신의 몸보다 큰 탑승물을 타고 무방비하게 바깥 공기를 몸으로 맞은 경험'이 있지 않은가? 예를 들어 롤러코스터를 탔을 때는 어땠는가? 스키를 타고 산에서 활강한 적은 없는가? 디테일한 행동은 다르더라도 심층 심리에서는 공통점이 있지 않을까? 그런 점을 닥치는 대로 떠올려서 자신이 실천할 수 있는 유사 체험을 철저하게 해 보면 된다. 어떤 수를 써서라도 고객의 입장이 되어 본다. 그렇게 한 다음에 고객의 마음을 이해하는 순간이 찾아온다.

6

기업에게도 '마음'이 있다

전직의 '사건'이
마케터로서의 커다란 전환점

앞에서는 '자신의 마음'에 깊이 숨어들어 그 심리를 살펴서 '고객의 마음'을 깊이 이해하는 방법에 대해 설명했다. 그리고 이를 비즈니스에 활용하려면 이번에는 '자신들의 마음'을 사용해야 한다.

마케팅은 자기 혼자서만 하는 것이 아니다. 조직으로 활동하는데, 개개인에게 인격이 있듯이 기업에도 인격과 마음이 있다. 이 '기업의 마음'은 기념 이념이 구현한다.

기업 이념이란 단순한 허울 좋은 말이 아니다.

'기업이 무엇을 위해서 존재하며 사회에 무엇을, 어떻게 약속하는가'를 나타낸다. 이를 처음으로 통감한 계기는 이전 직장에서 경험한 유키지루시 사건이었다.

대학교를 졸업한 후 대졸 신입사원으로 유키지루시유업(현 유키지루시메그밀크)에 입사해서 처음 맡은 일은 와인 영업이었다. 마케터에 대한 로망이 더해져서 서른한 살에 미국으로 MBA 유학을 했다. 경험도 없고 공부도 부족했던 당시의 나에게 마케터는 그저 화려하고 근사하며 스마트한 이미지였다.

MBA를 취득하고 일본에 돌아온 나는 자만심이 하늘을 찌르는 상태에 빠졌다. 제1장에서 설명한 4P 이론이나 STP 분석 등 마케팅 프레임워크를 구사하면 고객을 뜻대로 움직일 수 있다고 믿어 의심치 않았다.

돌이켜보면 어처구니없이 수준 낮고 보기 싫은 놈이었다. 그 가치관이 근본적으로 뒤집혀서 크게 달라진 계기가 된 것은 2000년 6월에 긴키 지방을 중심으로 발생한 '유키지루시 식중독 사건'이었다.

>> 상품이나 기업은 '주역'이 아니다

당시 나는 유키지루시에서 약 2천 명의 영업 담당자를 대상으로 한 개혁 프로젝트를 담당하며 전국을 돌아다녔다. 도쿄 본사의 소속이었지만 식중독 사건 소식을 듣고 다른 사원들과 즉시 피해가 발생한 오사카로 향했다. 일단 피해를 입은 사람들에게 사과해야 했다. 직접 가야 마음을 전할 수 있다는 마음만으로 고객을 찾아갔다.

초등학생 2명이 입원한 집에 찾아갔을 때의 일이다. 그 시점에서는 아직 식중독이 일어난 원인이나 경위가 확실하지 않았다. 내가 할 수 있는 일은 어머니가 도대체 무엇을 느끼고 어떤 감정과 마음으로 자식을 대했는지 생활 속에 유키지루시의 상품이 어떻게 관여했는지 이야기에 귀를 기울이며 진심으로 사죄하는 것뿐이었다.

"유키지루시가 힘냈으면 합니다. 유키지루시의 상품은 아이들의 성장에 반드시 필요한 것뿐이에요. 힘내세요."

개인의 인격으로는 사과할 수 있지만, 조직으로써는 사과할 수 없다. 그때 조직 인격이라는 존재의 중요성을 통감했다. 브랜드론을 책상 위에서 내세우기만 하던 내 자신이 너무나 부끄러워졌다.

또 어떤 때에는 다른 어머니가 편지를 보내셨다. 거기에는 이렇게 쓰여 있었다.

'모자 가정에서 자란 저는 지금 아이를 낳아 엄마가 되었습니다. 저는 매우 가난한 생활 속에서 자랐지만, 모유가 나오지 않는 어머니는 유키지루시의 분유를 타 주셨습니다. 진열대에서 가장 가격이 비싼 유키지루시의 분유였기 때문에 빈털터리였던 어머니에게는 최대한으로 돈을 쓴 물건이었습니다. 유키지루시라는 브랜드는 어머니가 저에게 보여준 애정 그 자체였습니다.'

이 편지를 읽고 쉽게 답신을 쓸 수 없었다. 그리고 브랜드는 기업의 소유물이 아니라 고객의 생활과 인생 속에 있는 것이라는 점을 뼈저리게 느꼈다.

피해를 입은 고객에게 직접 사과하러 찾아갔다. 그 대화를 통해서 '고객에게 기쁨을 줘야 비로소 기업은 존속한다'는 당연한 사실을 깨달았다. 그전까지 나는 마케팅 프레임워크 안에 고객의 마음이 없다는 것을 모른 채 지냈다. 매출은 단순한 숫자가 아니다. 고객이 느끼는 '고마운 마음'의 총량이다. 고객에게서 고마워하는 마음을 많이 받으면 매출이 크게 늘어난다는 생각은 이러한 체험을 통해 배웠다.

≫ 일개 사원으로서의 인격과 조직으로서의 인격

2000년 8월 후생성(당시)이 전국 스무 군데 공장에 '안전 선언'을 내리면서 유키지루시유업은 조업을 재개했다. 조금씩 신뢰를 만회해서 연말에는 식중독 사건 전의 70% 정도까지 매출을 회복하기에 이르렀다. 사내에는 원상태까지 얼마 남지 않았다는 분위기가 흐르기 시작했다.

그런 와중에 최악의 사태가 일어났다. 자회사인 유키지루시 식품의 '소고기 위장 사건'이 드러났다. 이 두 사건 사이에는 직접적인 인과관계는 없다. 그러나 사회의 시선은 전혀 그렇지 않았다. 똑같이 유키지루시(유키지루시 메그밀크 회사의 영문명이 MEGMILK SNOW BRAND Co.,Ltd. 이며 제품명에 '스노우'를 넣은 이름을 주로 사용)라는 이름을 내건 회사가 그 브랜드의 신뢰를 두 번에 걸쳐서 배신했다며 항의하는 사람 수가 지난번 사건을 훨씬 뛰어넘어 거세게 들고 일어났고 언론의 집중포화를 받았다.

'이대로는 안 된다'

자신들도 뭔가 할 수 있는 일이 없을까 생각해서 자율적으로

스터디 모임을 계속해온 동료와 함께 7명이서 '유키지루시 체질을 개선하는 모임'을 만들었다. 논의를 거듭한 가운데 일단은 고객의 말에 귀를 기울여야 한다는 마음으로 일반 고객의 협력을 받아 좌담회를 열었다. 고객의 의견은 상상을 훨씬 초월하는 혹독한 내용뿐이었다.

당시 유키지루시유업의 경영진은 잃어버린 신뢰는 상품으로 만회할 수밖에 없다며 회사 내부를 질책하고 격려했다. 즉 브랜드에 부끄럽지 않은 상품을 진지하게 판매하는 것이야말로 신뢰를 회복할 수 있는 길이라고 생각했다. 제조사라서 상품으로 신뢰 회복을 얻겠다는 생각은 당연한 논리다. 그러나 이는 우리에게 쏟아진 고객의 가차 없는 의견과는 크게 괴리가 있었다. 고객은 상품을 비판하는 것이 아니라 유키지루시라는 존재에 의문을 가졌다.

고객은 '상품은 ○이지만 경영자는 ×이며 사원은 △'라고 평가했다. 그래서 우리 사원의 이름으로 마음을 담아 사죄 광고를 낼 것을 경영진에게 제안했다. 전대미문의 일이라서 찬반 논란이 있었지만 그때까지 생각했던 사죄가 통하지 않는 이상 다른 선택지가 없다는 결론에 이르렀다.

그 이후부터가 어려웠다. 어떤 글로 해야 할까. 격론을 벌이며 사원 개인의 입장에서 고려한 사죄문을 완성했다. 진심 어린 사과와 앞으로의 재시작을 허락해달라는 내용이었다. 우리에게는 열심히 노력한 거짓 없는 마음에서 우러난 결의의 표명이었다. 그런데 광고를 제작하기 전에 만일을 위해서 고객의 반응을 확인했더니 잔인한 결과로 끝났다. '더 이상 유키지루시 따위는 보고 싶지 않다'는 완전한 거절에 깜짝 놀랐다. 그것은 진지하게 고객을 상대하려고 한 자신이 부정당한 듯한 경험이었다.

애초에 고객이 묻는 것은 사원 개인의 마음이 아니라 '기업으로써의 인격'이다. 개인의 생각을 말로 해도 통하지 않는다. 고객과 소통하려면 기업으로써 상대방에게 통하는 말을 찾아내야 목적을 달성할 수 있다. 그래서 혹독한 반응에도 기죽지 않고 사원 일동이라는 기업 인격으로써 사과하는 문장을 여러 번 고쳐 써서 내보냈다.

이때의 경험은 내 마음에 강한 각인을 새겼다. 피해를 입은 사람들에게 사과하러 찾아가도 눈앞에 있는 사람에게 한마디도 하지 않고 고개를 숙일 수밖에 없었다. 기업 인격으로써 무

엇을 반성하고 무엇을 약속하며 무엇을 할 수 있는지를 아무도
말하지 못하는 상황에 있었다. 유키지루시는 '건강한 땅에 건
강한 사람을'이라는 창업자의 높은 뜻에서 시작된 회사다. 사
건이 일어났을 때 기업 인격을 명확히 내세우지 못한 일이 그
후의 고객과 상대하는 방법에 큰 영향을 끼쳤다.

》》 지진 재해 직후의 CM이 공익광고로 채워진 이유

2011년으로 시계를 돌리겠다. 에스테로 이직한 내가 제작에
참여한 미겔(Miguel Guerreiro)과 니시카와 다카노리 씨가 부른 소
취력 CM은 고객에게 사랑받았다. 2011년 8월에 가장 호감도
가 높은 TV CM(CM종합연구소가 선출)으로 뽑혀서 여러 광고상을
받는 영예도 누렸다.

"미겔이 있어서 다행이었어요."
"어디서 미겔을 찾았나요?"
"미겔 효과군요."

많은 사람이 축하해 줬다. 포르투갈에 사는 미겔은 노래 실
력이 뛰어난 평범한 소년이었다. 갑작스럽게 실시한 오디션에

서 운명적인 만남을 가졌다. "니시카와 씨를 기용하다니 대단했어요"라는 말도 들었다. 하지만 기용한 것이 아니다. 제8장에서 다시 소개하겠지만 니시카와 씨와는 광고주와 연기자라는 관계가 아니다.

운명적으로 만나서 함께 커다란 소용돌이를 만들어온 동료다. 또 운명적으로 만나게 이끌어준 존재는 니시카와 씨의 팬분들이었다. 그 TV CM은 기업과 고객, 출연자까지 기업의 마음인 기업 이념을 공유하며 함께 모든 것을 만들어낸 희소한 사례였다.

이 TV CM은 2011년 3월 11일에 일본을 덮친 동일본 대지진을 계기로 제작되었다. 그날 나는 TV 프로그램 녹화 때문에 오키나와를 방문했다. 한창 일하던 중에 늘 시답잖은 문자를 보내던 친구에게서 '살아있어?'라며 신상을 걱정하는 문자를 받았을 때 아무것도 몰랐던 나는 미친놈이라며 어이없어했다. 그런데 다른 친구들이 계속 무사함을 알리는 문자를 보내왔다. 도대체 무슨 일이 일어난 거지……?

정체를 알 수 없는 불안을 느끼며 호텔로 돌아가 TV를 켜고 말문이 막혔다. 화면 속에는 상상을 초월한 광경이 펼쳐졌다.

당황해서 도쿄에 전화를 걸어 가족의 안부는 확인했지만, 에스테 사원과는 연락이 전혀 닿지 않았다. 사실 확인을 하고 싶어도 연락이 되지 않았고 곧 전화 자체가 연결되지 않았다.

TV에서는 끊임없이 처참한 현지 영상이 흘러나왔다. 갑작스러워 믿기 어렵고 현실감이 없을 정도로 규모가 큰 대재해가 일어나 현장에서는 무슨 일이 일어났는지 상상만으로 무서워서 어쩔 수 없었다. 그와 동시에 아무것도 할 수 없는 내 자신이 괘씸하게 느껴지기도 했다.

동행한 광고회사 담당자도 도쿄와 연락이 닿지 않았고 결국 11일 저녁 무렵이 된 후에야 방송국 등의 동향을 파악할 수 있었다. 지진 재해 후 부랴부랴 보도 특별 프로그램으로 바뀐 민영 방송은 우선 TV CM 없이 프로그램이 편성되었다. 그러나 보도 특별 프로그램이 방송되는 긴급 시라도 원칙적으로 방송을 시작한 지 48시간 후에는 TV CM을 넣는 일반적인 방송 체제로 돌아간다. 이때 광고주는 두 가지 선택지를 강요받는다. 첫 번째는 이미 소재 입고가 끝난 TV CM을 그대로 방송한다. 두 번째는 AC 재팬이 제작하는 공익광고로 바꾼다. 이틀 후까지 광고주로서 판단해야 했다.

참고로 AC 재팬의 공익광고로 바꿨다고 해도 TV CM 시간대의 비용은 발생한다. AC 재팬으로 교체하는 것은 어디까지나 광고주의 자기 형편이라는 의미다. 평상시라면 모처럼 대량으로 사들인 광고 시간대에 TV CM을 내보내지 않는다는 판단은 생각하기 어렵다. 하지만 재해 시에는 이야기가 달라진다. 사느냐 죽느냐의 비상사태에 평상시의 TV CM을 보고 상처 입는 사람이 있을 수 있다. 지진 재해가 일어난 지 이틀째 이후의 TV CM을 공익광고로 교체하느냐 마느냐의 판단이 '기업의 자세'로 받아들여지는 것은 피할 수 없다.

원래대로라면 에스테에서는 이러한 기업 인격을 좌우하는 판단이 사장의 결재 사항이다. 그러나 연락이 안 되는 이상 현장 책임자인 내가 판단해야 한다. 적어도 피해 등 현재 상황에 대한 사실 확인과 이를 근거로 기업으로써 무엇을 해야 하는지 재해와 마주하는 자세를 명확히 해야 TV CM을 재개할 수 있다고 생각했다. 11일 저녁, 나는 오키나와의 호텔에서 TV CM을 공익광고로 바꾼다는 당연한 결론을 내렸다.

다음 날인 3월 12일이 되어도 막대한 피해라는 인상이 있을 뿐이고 그 전모는 밝혀지지 않은 상태였다. 아침 일찍 비행기

운항 상황을 나하 공항에 확인해도 동일본행 비행기의 이착륙 재개를 예측할 수 없었고 간신히 나하에서 하네다행 비행기를 탄 것은 13일이었다. 다음 날인 14일 매니저 이상의 임원들은 출근할 예정이었지만 아침에 일어나보니 계획 정전으로 전철이 멈췄다. 나는 출근에 편도 한 시간이 넘게 걸렸기에 출근을 단념할 수밖에 없었다. 스즈키 다카시 씨(당시 에스테 사장, 현 회장. 이하 스즈키 회장)는 10킬로미터 넘는 거리를 자전거를 타고 출근했다고 한다. 경영기획실과 영업 등 모든 부서가 하나가 되어 무엇을 할 수 있는지 깊이 생각해야 할 때인데 나는 무엇을 하고 있는 걸까. 그런 창피한 생각에 사로잡히며 나는 그저 TV와 트위터를 계속 볼 수밖에 없었다.

》》 마음에 깊이 숨어들어 자신과 대화를 거듭한다

트위터의 타임라인은 지금까지 본 적 없는 속도로 흘렀다. 눈에 보이는 트윗은 지진 재해에 관련된 내용뿐이었다. 여진이 있을 때마다 '무섭다'는 글이 타임라인에 넘쳐났다. 원전 폭발과 방사능 관련 화제에 모두 민감해졌다. 그와 동시에 '힘냅시다', '힘내야 합니다'라며 서로를 격려하고 사기를 북돋우는 메시지도 많이 보였다.

가족을 잃은 사람까지 우는 소리 한마디 하지 않고 힘내자며 트윗을 올렸다.

'TV 영상을 보는 게 괴롭다.'
'더 이상 저런 보도는 보고 싶지 않다.'
'지진 재해 보도와 AC 이외에 볼 게 없는 건가?'

트위터의 타임라인에 올라오는 사람들의 의견은 내 마음이기도 했다. 그럼 어떻게 하면 좋을까? 언제부터 일반적인 TV CM으로 되돌려야 할까? 되돌린다고 해도 어떤 TV CM이면 내보낼 수 있을까? 지진 피해 지역에 사는 사람들은 물론 재기 불능 상태가 된 사람들의 마음에 어떻게 다가가야 할까? 평소라면 누군가에게 상담하며 생각할 수 있다. 그러나 이 비상시에는 상담할 수 있는 상황이 아니었고 전례도 없었다.

나는 오로지 트위터의 타임라인을 바라보며 자신의 마음속 깊은 곳에 깊이 숨어들었다. 문득 다섯 살 때의 기억이 떠올랐다. 당시 아버지가 교통사고로 돌아가셨다. 어머니가 그 자리에 털썩 주저앉아 흐느껴 울던 모습을 잊을 수 없다. 그 이외의 기억은 단편적이다. 하지만 아버지의 장례식이 열린 날에 어

머니가 부엌에서 이웃 사람들과 웃는 모습을 확실히 기억한
다. 체면도 없이 통곡하던 어머니가 왜 그런 식으로 웃을 수 있
었을까? 줄곧 신기했다.

지진 재해 직후 트위터의 타임라인을 계속 읽다가 문득 그
당시 어머니의 웃는 얼굴이 생각났다. 어머니는 슬픔 속에 있
었지만 어떻게든 앞으로 나아가기 위해서 또 자신의 마음을 다
시 세우기 위해서 웃었던 게 아닐까 싶었다.

어머니도 몰랐던 마음속 깊은 곳에 있는 무언가가 그렇게 만
든 것이 아니었을까?

역시 내가 할 수 있는 일은 광고 제작이라고 내 자신을 격려
했다. 그리고 '일상으로 돌아가자'를 주제로 CM을 제작하기로
결심했다.

》》 지진 재해로부터 5일 후에 내린 결단

북새통 속에서 생각을 정리해서 스즈키 다카시 회장님에게
제안했다.

"지금 이런 시기이니 TV CM을 더욱더 해야 한다고 생각합니

다. TV CM을 제작해도 되겠습니까?"

"그건 그렇군. 이럴 때일수록 뜻을 보여 주는 거야!"

CM 제작을 결정했다고 해도 계획 정전이 지속되는 가운데 전기 사용을 피해야 한다고 생각했다. 그래서 해외에서 촬영하기로 계획했고 즉시 포르투갈이 촬영지 후보 1순위로 거론되었다. 포르투갈의 수도 리스본은 1755년에 대지진을 동반한 쓰나미 피해를 입고 리스본 시민 27만 명 중 3분의 1이 사망하고 건물의 85%가 파괴되었다. 이는 유럽 사상 최대의 자연재해였다고 한다.

이제부터 부흥을 목표로 하는 일본을 위한 CM을 만드는 데 둘도 없는 장소였다.

하지만 '소취력'을 제조하는 후쿠시마 공장이 지진 재해 피해를 입어 가동되지 않는 상황이었다. 그런 와중에 해외에서 촬영하자는 등 마음 편하게 받아들이기 어려운 기획을 제시해도 될까? 그런 망설임이 없었다고 하면 거짓말일 것이다. 그러나 스즈키 회장님은 내 말을 들은 직후에 벌떡 일어나 "카게, 훌륭해!"라며 악수를 청했다.

"도호쿠에 은혜를 갚는 거군. 어떤 TV CM이 될지 기대하겠네. 자네, 그리고 에스테의 마음가짐을 보여 주는 작품을 만들어 주길 바라네. 상세한 기획은 비행기 안에서 생각하게."

이렇게 격려해 주었다.

우리 CM 제작팀은 지진 재해가 일어난 지 2주 후에 포르투갈로 향했다. 사장님의 승인을 얻었지만 회사 내부는 지진 재해 직후의 혼란이 지속되어 이사회의 승인 등 절차를 밟지 않은 채로 출발했다. 그곳에서 내 생각을 메일로 썼기 때문에 모든 임원에게 보냈다. 일부 발췌해서 공개하겠다.

이번 봄에 방송할 예정이었던 새로운 TV CM은 유감스럽게도 시류에 맞지 않는다고 판단하여 방송을 중지합니다. 지진 재해 후에는 당연히 세상 사람들의 마음이 크게 변화했습니다. '즐거운 에스테의 CM을 보고 싶다'는 의견이 인터넷에 올라오지만 당연히 사람의 마음은 변화합니다. 이 변화한 고객의 마음을 어떻게 이해해서 어떤 TV CM을 보여줘야 할지 고민했습니다. 더구나 4월 하순 방송에서는 당장이라도 결론을 내서 촬영해야 하는 상황입니다.

　TV에서의 보도 방식과 인터넷에서의 여론을 계속 관찰했습니다. 그렇게 해서 앞으로의 표현 방법을 '그 TV CM을 보고 앞으로 나아가자는 밝은 마음이 될 수 있는 것'으로 삼았습니다. 묘하게 장사꾼 정신이 왕성한 표현을 포함시켜도 지금은 심리적으로 거부당합니다. 최대한 지진 피해를 직접 입은 사람과 그렇지 않은 사람도 공명할 수 있는 '뭔가'를 찾자고 생각했습니다. '에스테가 지금까지 만들어온 표현의 재산을 버리는 겁니까?'라는 의견도 있었지만 지금은 그것에 주력해서 '마음을 살짝 건드리는' TV CM을 만들면 좋겠다고 생각합니다. 또 '거만해 보이는 도덕적인 TV CM'이나 '최루성 TV CM'은 고객이 본 에스테의 기업 인격과는 전혀 다릅니다. 그 TV CM을 만드는 멤버가 모두 위선적이지 않으면 그런 CM을 제작할 수 있겠다 싶었습니다.

　이번에는 현장에서 생각하고 현장에서 만드는 것이

가장 중요하다고 생각합니다. 아무쪼록 이해와 지원
부탁드립니다.

카게

이 메일을 쓴 것은 내 마케팅관 그 자체다. 지금도 생각이나
마음은 똑같다. 마케팅이란 단순히 '물건 팔기'가 아니다. '사람
을 상대하며 남에게 기쁨을 제공하는 활동'이라고 생각한다.
광고는 물건 팔기라는 판촉 수법 이상의 힘을 가질 수 있다고
믿는다.

2011년 4월 22일 TV CM 방송 직후 트위터의 타임라인에 많
은 감상평이 올라왔다.

'마지막에 소취력이라고 노래했을 때 한 방 먹었다. (웃음)'
'왠지 눈물이 났다.'
'재미와 깊이의 합체, 크리에이티브는 이래야지'
'이 CM의 배경은 6만 명이 죽은 마을이래'
'소취력 광고의 외국인 남자아이가 부른 CM송을 듣고 나도

모르게 웃고 말았다.'

'쓸데없이 노래를 잘하는 소취력 광고의 아이는 누구냐(웃음)'

누군가에게 상처 주지 않게 정성껏 만들었다고 생각했다. 그래도 타임라인에 계속 올라오는 트윗을 보기 전까지는 걱정으로 제정신이 아니었다. 상상을 훨씬 초월한 수많은 호의적인 글에 그저 깜짝 놀랐고 고마움을 느끼며 트윗이 점점 퍼져서 사회 현상화되어 가는 모습을 봤다.

미겔이 출연한 소취력 TV CM은 CM종합연구소가 실시한 2011년 5월의 CM 호감도 순위에서 종합 2위를 차지했다. 이는

예전에 일본과 마찬가지로 쓰나미 피해를 입은 포르투갈을 무대로 미겔이 노래한 TV CM을 2011년 4월에 방송했다. 트위터의 타임라인에는 상상을 뛰어넘은 반응이 있었다.

에스테가 TV CM을 방송한 이래 처음으로 이룬 쾌거였다.

트위터에서의 좋은 반응도 예상을 크게 뛰어넘었고 동영상 사이트에는 CM 영상을 소재로 해서 동영상을 개인 편집한 '매드 무비'라고 불리는 2차 창작 작품도 많이 올라왔다. 또한 소취력 브랜드는 탈취제 매출 시장 점유율 2위에서 1위로 뛰어올랐다.

탈취제의 대명사로써 소취력이라는 말이 쓰이게 된 것도 2011년부터다.

》》 미겔이 출연한 소취력 광고는 이례적인 아이디어가 아니라 '각오'의 산물이었다

리스본의 마을에서 한 소년이 아카펠라로 노래할 뿐인 TV CM은 '대단한 기획 아이디어였다'는 말을 지금도 듣는다. 확실히 그 기획은 강력했는데, 그것은 작은 출발점에 불과하다고 생각한다. 그 후 사회 현상이 된다는 상상을 뛰어넘은 운동은 절대로 내가 일으키지 않았다.

세상에 뭔가가 탄생할 때 그곳에는 엄청난 힘을 가진 사람의 결단이 있다고 절실히 느낀다. 에스테를 퇴사하고 지금은 상사가 아니므로 진심으로 진실을 전한다. 미겔의 소취력 TV

CM은 에스테의 스즈키 회장님이 만들어낸 기적이었다.

동일본 대지진이 일어났을 때 스즈키 회장님은 76세였다. 지진 당일에 수십 명의 에스테 사원과 지바 마쿠하리의 전시장에 있었다. 그 자리에서 진두지휘를 펼쳤고, 그 결단은 신 내렸을 정도였다고 들었다. 순식간에 사원을 보내서 식료품을 확보하는 동시에 즉시 확보할 수 있는 만큼 호텔을 예약해서 여성 사원을 우선적으로 피난시켰다고 한다.

또한 지진이 일어난 지 3일 후에는 후쿠시마 공장의 사원들을 생각해서 트럭을 조달해 스스로 운전해서 물자를 운반하려고 계획했다. 이 행동에는 간부들도 기겁하며 막은 모양이었다. 스즈키 회장님은 '현지에 못 갔다'며 한탄했다.

그 후 지시를 내려 적자를 각오하고 방사선 측량 상품을 순식간에 만들어 판매했다. '에어 카운터'(2011년), '에어 카운터 S'(2012년) 등 가정용 방사선 측정기였다. 도호쿠 사람들에게 적당한 가격에 구입하게 해서 안심시키자는 뜻이 있었기에 나온 상품이었다.

그런 스즈키 회장님이기에 내가 TV CM을 만들고 싶다고 제안했을 때 벌떡 일어나서 악수를 청한 것은 당연한 일이었다.

2011년 4월 22일.

방송 당일에 갑자기 스즈키 회장님은 전국의 사원을 향해 사내 전체 집회를 열었다. 그리고 "오늘부터 이 TV CM이 방송됩니다. 여러분, 이 CM은 에스테의 마음가짐입니다"라고 호소했다. 여러 방면에서 충분히 응원을 받았다. 그 후의 활동에서 엄청난 힘을 얻었다.

마케팅이나 광고가 때때로 가볍게 다뤄지는 일이 있다. 하지만 기업이 그 기업명을 달고 상품을 내놓거나 광고와 같은 형태로 정보를 내세우는 것은 이런 기업 인격을 담은 묵직한 존재다. 그저 재미있다거나 사람들의 인기를 노리는 안이한 것이 아니다.

마케팅이나 광고는 그 기업의 그릇을 초과할 수 없다. 내가 마음 마케팅을 전개할 수 있었던 이유는 분명히 당시의 에스테를 이끌었던 스즈키 회장님이 있었던 덕분이었다.

》 기업 이념은 '마음'을 공유하기 위한 중요한 지침

'기업 이념을 소중히 하자'고 하면 대체로 "카게 씨는 성실하네요"라며 비웃는다. 그러나 직장인에게 기업 이념은 비즈니스를 하는 데 중요한 지침이 된다. 기업 이념이 왜 중요한지 다음과 같은 상황을 생각해 보면 쉽게 알 수 있다.

부모 한 명이 아이에게 애정을 듬뿍 쏟은 식사를 먹이고 싶어 하는 장면을 상상해 보기 바란다. 부모가 다섯 명이 있다고 하면 어떨까? 부모 다섯 명이 저마다 '장을 보러 간다', '재료를 자른다', '조리한다', '그릇에 담는다', '식사를 지켜본다'는 역할 분담을 했다고 하자.

- 장보기 담당—영양 균형은 뒷전이고 오로지 저렴한 상품을 사는 것에 집중
- 재료 썰기 담당—먹기 쉬운 것보다도 효율 중시
- 조리 담당—매뉴얼을 따르는 것에만 열심이고 아이의 건강 상태에 맞춰서 염분을 조절하지 않는다.
- 그릇에 담기 담당—손이 빠른 것만 중시하고 입맛을 돋울 수 있게 그릇에 담는다는 발상이 없다.
- 지켜보기 담당—빨리 먹도록 재촉할 뿐

극단적인 예처럼 보일 수도 있지만 이것이야말로 요즘 효율

성을 추구한 나머지 온갖 회사 조직에서 일어나는 일이다. 아이에 대한 애정이라는 생각을 공유하면 개인에게 주어진 담당이나 평가 기준을 지키면서도 애정이 듬뿍 담긴 식사를 제공할 수 있을 것이다.

이 애정이야말로 즉 기업 이념이다.

취직 활동을 하는 학생은 미래에 꿈을 갖고 회사를 선택한다. 자신의 삶과 기업의 삶을 대조하며 취직할 회사를 고른다. 그 회사의 기업 이념, 기업 문화를 연구하고 그 소중함을 가슴에 담아 신입으로서 일한다.

젊은 사회인이 일할 때 '이 일은 무엇을 위해서 합니까?'라고 커다란 이념을 물어볼 때가 있다. 그러나 선배나 상사는 '전부터 해온 일이니까 일단 눈앞에 주어진 작업이 제대로 되게 하라'고 대답할 때가 많지 않은가?

눈앞에 주어진 일에 쫓겨서 어느 순간 기업 이념을 잊어버리는 것은 선배 사원이나 상사일지 모른다.

그보다 '우리 회사의 이념이 있다. 그 이념을 근거로 해서 미래를 만들어내는 사명을 달성하기 위해서 이 일이 중요하다'고 설명하면 신입사원은 매우 기뻐하며 일하지 않을까? 자신의 일과 이념을 결부시키는 활동이 일상에 있으면 이런 멋진 회사는 없을 것이다. 끈질긴 것 같지만 요즘 마케팅에 가장 필요한 것은 기업, 브랜드와 고객의 행복한 관계를 만드는 것이다. 이를 의식해서 기업의 인격을 어디까지 구체적으로 주입하느냐가 승부다.

》산프레체 히로시마, 센다 사장의 편지

기업 이념을 마케팅 활동에 구체적으로 반영한 또 다른 사례를 소개하고 싶다. 나는 히로시마 축구팀 산프레체의 센다 신고 사장과 친한 사이다. 센다 씨는 2020년 4월에 취임했지만 신종 코로나바이러스 감염증의 영향으로 생각처럼 활동하지 못하게 되었다.

이런 와중에 나는 '산프레체는 지금 무엇을 세상에 약속하고 사원은 어떤 활동을 해야 하는가'에 대해서 이 회사 직원과 미팅했다. 지역에 사랑받는 축구 문화를 어떻게 만들어내야 하는지 진지하게 생각했지만 지금 무엇을 해야 하는지 고민했다.

멤버 중에는 전 학생 챔피언팀의 주장 등 축구를 진심으로 사랑하는 사람들이 있었다. 나는 그 미션이 명확해지면 반드시 멋진 일이 일어나는 조직이라고 가슴 설렜던 것을 기억한다.

　그 후 사장은 모든 사원과 개별적으로 대화를 진행했다고 한다. 노력한 선수와 이를 응원해 주는 사람들을 어떻게 구체적으로 지원하며 상대할지 사원으로서 어떤 꿈을 이루고 싶다고 생각하는지 등을 진지하게 대화를 나눴다고 들었다.

　사장 스스로가 기업 이념을 진심으로 사원에게 던지고 응원 소리뿐만 아니라 사원과 똑같은 한 인간으로서 활동을 시작했다. 또 스타디움에 서서 고객을 맞이하고 감사의 말을 건넸다. 얼마 전 사장에게서 편지를 받았다.

　'우리는 올해(2021년)부터 팬, 서포터라는 말을 바꿔서 패밀리로 부르기로 결정했습니다. (중략) 경기장에 와준 여러분에게는 코로나 재앙으로 연습장 견학도 오지 못하는 열렬한 팬을 위해서 선수가 연습에 몰두하는 자세를 전하거나 조후쿠(城福) 감독의 마음을 구체적인 말로 해서 조금 큰 목소리로 말을 겁니다. 나란히 서 있는 고객에게서 박수가 쏟아졌습니다. (중략) 격려를 들은 반면 장애가 있는 가족을 위한 주차장이 최근에 줄어들지 않았는가, 시즌 패스포트 환불을 기부했는데 답례를 아끼지 않았는가, 이런 굿즈를 만들면 좋겠다는 요망, 클레임도 많이 받게 되었습니다. 최대한 스태프와 상담해서 해결할 수 있는 부분은 대응하도록 프런트 스태프와 움직이고 있습니다.'

이 사장의 마음, 그리고 행동에는 고객을 생각하는 마음이 넘쳤다. 기업 이념은 절대로 말로만 그치는 먼 존재가 아니다. 산프레체의 사장과 사원은 하나가 되어 자신들의 마음을 다시 보고 그 마음을 따라 구체적인 활동에 반영했다.

그 마음의 주파수가 분명히 고객의 마음과 공명해서 뭔가가 탄생하지 않을까 기대한다.

'마음'으로 고객과
대화하는 크리에이티브

크리에이티브의 힘은 광고 예산을 훨씬 뛰어넘은 성과를 낸다

"에스테는 좀더 브랜드에 대해 공부하세요."

어느 광고회사의 20대 여성 마케터가 기겁할 만한 폭언을 쏟아낸 적이 있다. 분명히 광고 예산이 적어서 깔보는 태도였다. 결국 내 인내심이 폭발해서 "자네야말로 브랜드에 대해 다시 공부해"라고 응수하며 돌려보낸 일도 있다.

또한 대기업의 선전 부문 임원과 명함을 교환했더니 "뭐 열심히 하세요"라며 확실히 깔보는 듯한 말을 한 적도 있었다. 인터넷에 '에스테 따위가 광고를 논하다'며 비웃는 코멘트가 올라온 적도 한두 번이 아니다.

유키지루시라는 대기업에서 중간 규모의 에스테로 이직해 놀란 일이 많았다. 에스테는 1부 상장 기업이면서 종업원이 약 500명인 중견 기업이다. 광고의 예산 규모는 연간 28억 엔 전후였다.

한편 에스테의 경쟁 회사 광고비는 200~600억 엔이기 때문에 그 광고 규모가 결코 큰 것은 아니다. 전체의 기업 광고비 순위에서는 230위 전후에 해당한다. 광고업계에서 아무래도 안 좋은 취급을 받는 것은 당연하다.

그런 가운데에서도 2015년의 '닛케이 기업 이미지 조사'에서는 '좋은 광고 활동을 하는 회사'로 평가받아 5위에 올랐다. 예산 규모는 작아도 광고 활동에 대해 높은 평가를 받았다. 이러한 실적을 축적함에 따라 다른 회사가 부러워하는 기회가 늘어났다. 그러나 처음부터 환경이 갖춰진 것은 아니다. 당초에는 광고 실적도 예산에 비례해서 200위 정도 전후였다. 절대로 풍족한 환경은 아니었다. 광고 예산이 적어서 필요 이상으로 고생해 통감한 일도 많았다. 그런 상황에서 조금씩 몇 년에 걸쳐서 지금의 환경을 만들었다.

내가 광고를 담당한 18년 동안 에스테는 광고 예산을 뛰어넘은 대기업보다 나으면 낫지 못하지 않은 실적을 계속 냈다. 표면적으로는 '이상함을 자랑한 인기를 노린 결과'로 이해할 때도 꽤 많았다. 그러나 사실은 그렇지 않다. 예산을 뛰어넘는 성과를 올린 비밀은 철저한 고객의 '마음 포인트'를 근거로 한 대처에 있다. 여러 크리에이터와 짝을 지어 듣도 보도 못한 도전을 해온 결과다. 유튜브가 아직 존재하지 않았던 2004년부터 동영상을 발신해보거나 지금은 당연해진 시리즈 CM을 2006년에 처음으로 방영해 봤다. 2010년에는 그것을 사용한 콘텐츠 마케팅에도 도전했다. 마케팅 세계에서 '팬 베이스 마케팅'이라는 말이 주목받기 훨씬 전부터 고객과의 '관계값' 만들기에도 적극적으로 임했다.

지금까지 반복해서 소개했지만 사람은 깜짝 놀랄 정도로 논리적인 행동을 하지 않는다. 인간의 사고와 행동은 5%의 현재의식과 95%의 잠재의식으로 이루어졌다. 그래서 고객 본인도 모르는 마음 포인트, 즉 인사이트를 알아내서 크리에이티브를 통해 접근하면 대단한 효과를 발휘할 때가 있다.

이론으로 생각하면 광고 예산을 들인 분량만큼 일이 일어나기 쉬워질 것이다. 하지만 실제로는 크리에이티브에 따라 예산의 몇 배, 몇십 배의 효과를 얻을 수 있는 경우가 있는가 하면 거액의 예산을 쏟아부었는데도 아무런 반응이 없는 경우도 일어난다.

그것이 크리에이티브의 재미이자 무서움이다.

》 크리에이티브란 마케팅 전략을 구현화하는 도구

여러분은 '크리에이티브'라는 말을 듣고 무엇이 떠오르는가? 상품 패키지, 로고, 웹디자인, 동영상, 음악…. 자신들에게서 훨씬 먼 존재인 크리에이터가 뭔가 훌륭한 아이디어를 가졌다는 이미지가 있을지도 모른다.

크리에이티브는 크리에이터의 예술 작품이 아니다.

여러분이 생각한 마케팅 전략을 현실 시책에 반영하는 중요한 도구다.

어떤 상품이나 서비스든 기획과 전략은 탁상공론에 지나지 않는다. 그 가치를 어떻게 현실적인 것으로 고객에게 전하느냐, 또 고객과 함께 가치를 키워가느냐는 크리에이티브에 달려 있다. 모든 고객과 직접 대화하기란 물리적으로 불가능하다. 그래서 우리는 크리에이티브를 통해서 고객과 소통한다.

마케터는 크리에이터와 적절히 짝을 이뤄야 한다. 크리에이터에게 맡겨서 좋은 아이디어를 바라지 말고 마케터도 적극적으로 크리에이티브 만들기에 관여하는 자세가 필요하다. 그러나 마케터는 크리에이티브 전문가가 아니다. 지식 없이 생각나는 대로 디렉션을 펼치면 자신의 손으로 크리에이티브를 파괴할 수도 있다.

예를 들어 말하자면 마케터는 레스토랑 오너이며 크리에이터는 요리사 곧 주방장이다. 오너는 가게의 콘셉트를 생각하고 그 콘셉트에 따라 제공하고 싶은 요리의 방향성을 결정한다. 구체적으로 어떤 요리를 할 것인지 생각하는 것이 요리사의 역할이다.

이때 요리에 대해 전혀 모르는 오너가 자신의 호불호를 근거로 해서 요리에 이것저것 주문하면 어떻게 될까? 요리의 질을 올리기는커녕 뚝 떨어뜨릴 가능성이 클 것이다.

오너가 '자신이 생각해야 하는 일'과 '요리사에게 맡겨야 할 일'을 이해해서 요리사와 신뢰 관계를 갖고 일을 진행해야 비로소 근사한 요리를 개발할 수 있다. 오너는 직접 요리할 필요가 없다. 하물며 세세한 조리 방법이나 맛을 내는 데 지적하면 안 된다. 하지만 요리란 무엇인가라는 지식은 반드시 필요하다. 마케터가 크리에이티브에 대해서 참견하는 것은 바람직하지 않지만 그 말은 무지해도 된다는 것을 의미하지 않는다. 그래서 최소한 알아두어야 할 크리에이티브에 관한 지식을 마케팅 시점에서 설명하겠다.

》》 마케터가 크리에이터와 일할 때 알아두어야 할 '중점'

여기부터는 마케터가 크리에이터와 크리에이티브를 함께 만들어내기 위해서 주의해야 할 점 4가지를 구체적으로 설명하겠다.

❶ 제멋대로 하는 기대를 버린다

마케터는 자신의 상품이나 서비스에 긍지를 갖고 있다. 그래서 고객에게 조금이라도 많은 정보를 전달해서 상품과 서비스의 매력을 알리고 싶어 한다. 그런데 기업이 발신하고 싶은 정보는 기업 측이 기대하는 만큼 호의적으로 받아들여지지 않는다. 특히 광고는 성가신 존재라고 파악하는 사람이 많다.

예전에 현관 앞에는 '강매, 광고 사절'이라는 종이가 붙어 있던 시절이 있었다. 돈을 썼기 때문에 봐 달라는 것은 커다란 오해이자 착각이다. 광고는 거절 대상이라는 고객의 심리를 확실히 받아들여야 한다.

세상에는 대량의 정보가 범람하는 점도 인식해야 한다. 인터넷의 보급으로 10년 동안 정보량이 530배로 늘었다고 한다. 고객이 정보를 접하는 시간은 한정되어 있기 때문에 정보를 전하는 것이 얼마나 어려워졌는지는 명백하다.

이를테면 TV CM만을 봐도 한 달에 3천 종류 이상이 방송된다. 거리에 3천 개가 넘는 간판이 놓여 있다고 해서 과연 당신은 그중 몇 개를 보고 기억할 수 있을까?

또한 고객이 매장 앞에 진열한 패키지나 웹사이트의 화면을 주의해서 보는 시간은 아주 순식간이다. 매장 앞에 설치해 놓은 POP(매장 앞 판촉물)라 해도 1초도 봐 주지 않는다. 인터넷 동영상은 몇 초 만에 스킵한다.

시청 시간이 비교적 길다고 여겨지는 TV CM도 고작 15초의 세계다. 또 물리적으로 화면에 비는 것만으로 정말로 보는지도 알 수 없다.

이러한 사실을 진지하게 받아들여서 기업이 전하고 싶은 것을 발신하면 고객에게 전해진다고 제멋대로 기대하는 태도를 지금 당장 버린다. 이것이 크리에이티브를 생각하는 전제 조건이다.

❷ 판단 기준을 명확히 한다

고객에게 메시지를 전하려면 전하고 싶은 내용을 한정하는 것이 철칙이다. 이것저것 욕심을 낼수록 전해지지 않게 되는 것을 명심하기 바란다.

그런데 전해야 할 요소를 한정하려고 해도 관계자가 많으면 의견이 나뉘어서 이야기가 좀처럼 정리되지 않는 경우가 대부분이다. 그럴 때 나는 다음과 같은 방법으로 우선순위를 결정한다.

여러분은 스모 선수의 순위표를 본 적이 있는가? 순위표에는 '요코즈나', '오제키', '세키와케', '고무스비', '마에가시라'라고 순위가 적혀 있다. 이와 마찬가지로 하고 싶은 말 중 어느 것이 요코즈나에 해당하는지, 또는 오제키, 세키와케인지 상태에 따라 순위를 매긴다.

제작 중인 크리에이티브에 어디까지 넣을 수 있는지는 그때마다 사정이 달라질 것이다. 요코즈나와 오제키뿐인 경우도 있는가 하면 고무스비까지 아슬아슬하게 포함되는 경우도 있을 것이다. 내 경험으로는 마에가시라는 포기하는 경우가 대부분이다.

　최종적으로는 마케터가 자신의 책임을 지고 결정해야 한다. 그러나 우선순위를 전략에 따라 확실히 대화해서 판단 기준을 정해 놓으면 반대는 별로 일어나지 않는다. 또 일단 방침이 정해진 후에 '역시 이쪽을 넣어 달라', '그건 빼고 그쪽을 넣어 달라'며 여러 번 뒤집히는 일도 사라지고 크리에이터를 무의미하게 휘두르는 일이 사라진다. 크리에이터는 쓸데없이 소모되지 않고 원래 맡은 일에 전념할 수 있어서 최대의 성과를 발휘하기 쉬워진다. 이것도 알려야 할 판단 기준을 명확하게 하는 것의 이점이다.

❸ 애정을 가득 담는다

　고객에게 통하는 크리에이티브에는 기분 좋은 서프라이즈를 빠뜨릴 수 없다. 그럼 이 서프라이즈는 무엇에서 생겨날까? 고객에게 최대한의 애정을 담는 것뿐이다. '재미있다', '아름답다', '멋지다', '가슴 깊이 감동했다' 등 크리에이티브의 접근 방법은 다양하다. 또 이를 순식간에 상대방에게 전달하는 아이디어가 필요하다.

일반적으로 마케팅 기획서에는 어필해야 하는 포인트가 많이 기술되어 있다. 대부분의 마케터는 크리에이터에게 '이런 것을 다 표현해 주세요'라고 요청한다. 하지만 그것은 큰 잘못이다. 전할 수 있는 시간은 TV에서도 15초뿐이다. 기획서에 적힌 어필 포인트를 빨리 소리 내서 읽는 것만으로도 2~3분은 걸릴 것이다.

마케터는 '전하고 싶은 것의 근간'을 크리에이터와 공유해야 한다. 그것을 어떻게 보여주느냐에 대한 아이디어는 크리에이터에게 맡기자. '기획서에 기재된 텍스트를 그대로 전해 달라'고 지시하는 순간 크리에이티브는 분명히 '맛없는 요리'가 된다. 제멋대로 정보를 가득 담는 것이 아니라 봐 주는 고객을 한 인간으로 파악해서 애정을 가득 담아 만들어야 한다는 원점에 반복해서 되돌아가기 바란다.

❹ 단순함을 두려워하지 않는다

크리에이터가 내놓은 안건을 봤을 때 마케터는 자기도 모르게 부족한 점을 찾기 쉽다. '전해야 할 내용이 그 안건에 없다', '이 부분은 좀더 설명이 필요하다' 등 욕망이 끓어오른다. 하지만 크리에이터는 크리에이티브를 강화하기 위해 쓸 것은 쓰고 버릴 것은 버려서 전해야 할 것에 초점을 맞춰서 단순한 것으로 완성한다. 시선과 마음의 움직임을 계산하여 고객의 심리를 철저히 생각한 결과의 표현이다.

마케터와 크리에이터의 미팅에서 자주 볼 수 있는 광경을 소개하겠다.

"정보가 부족하니 1페이지에는 상품명을 내세우세요. 그 밑에 이 상품의 특징을 좀더 적고 반쯤 빈 공간을 사용해서 상품 사진을 붙이세요. 사용 장면을 알 수 있는 사진이 좋습니다. 2페이지에는 고객의 감상을 부탁합니다. 역시 전체적으로 눈에 띄게 하고 싶으니 빨간색이나 노란색 등 화려한 색조를 최대한 사용하세요."

마케터는 잘 되라는 마음에 지시했지만 이는 레스토랑 오너가 초보자 마인드로 간을 보거나 조리 방법 등에 까다롭게 주문해서 요리를 망치는 것과 똑같다는 것을 알겠는가?

이 지시에는 고객의 마음이 고려되지 않았다. 또한 크리에이티브 전문가의 영역까지 거리낌 없이 쳐들어왔다. 하지만 상업 크리에이터는 의뢰주의 지시에 따르지 않을 수 없다. 그 결과 마케터는 훌륭한 크리에이티브가 탄생할 가능성을 직접 없애는 것일 수도 있다.

대화해야 할 포인트는 '고객의 마음'이다. 마케터가 더하고 싶은 정보를 쓰면 고객의 심리 상태는 어떻게 움직일까? 고객의 마음을 방해하지 않는다면 정보를 더하는 선택지도 부상할 수 있다. 하지만 방해한다면 깨끗이 단념하는 것도 중요하다. 과정스러운 이야기로 들릴 수 있겠지만 크리에이티브를 살리고 죽이는 것도 이 고객의 마음을 철저하게 중시하는 자세로 정해진다.

여기까지 마케터가 크리에이터와 크리에이티브를 함께 만들어내기 위해서 주의해야 할 4가지를 설명했다. 이는 내가 적은 예산으로 히트 CM을 제작하기 위해서 시행착오를 겪은 끝에 찾아낸 성공 법칙이기도 하다.

- 제멋대로 하는 기대를 버린다.
- 판단 기준을 명확히 한다.

- 애정을 가득 담는다.
- 단순함을 두려워하지 않는다.

이 네 가지를 주의해야 할 점으로 기억하기 바란다.

》 크리에이티브에서 마케터가 해야 하는 역할

마케터가 크리에이터와의 일에서 해야 하는 역할은 한마디로 '목적의 명확화'다. 그 크리에이티브로 무엇을 달성시키고 싶은지 명확하게 전하자. 목적은 '상품의 인지도를 올리고 싶다', '뭔가 화제가 되어 미디어에서 다뤄지고 싶다' 등 막연한 것이 아니라 최대한 구체적으로 목표를 설정해야 한다.

- 그 상품, 서비스의 무엇을 어떻게 인지하게 하고 싶은가.
- 그 상품, 서비스의 어느 기능을 어떻게 이해하기 바라는가.
- 그 상품, 서비스의 세계관을 어떻게 느끼기 바라는가.
- 고객이 어떻게 공감해 주기 바라는가.

그 결과로 무엇을 만들어내고 싶은지 'KPI(중요업적평가 지표)'를 명확히 설정해야 한다.

　또한 크리에이터에 대해서 고객상을 명확히 전하는 것도 중요하다. 특히 고객의 마음 포인트에 대해서는 확실히 전하고 대화하자. 팸플릿 제작을 예로 들어 구체적인 방법을 소개하겠다.

　"이번에는 신상품이므로 팸플릿에서는 상품명과 함께 ○○의 장점을 깜짝 놀라도록 내세우고 싶습니다. 고객에게는 △△△한 인사이트가 있을 것입니다. 그래서 고객이 이 팸플릿을 본 순간 순식간에 그 마음 포인트가 눌리는 듯한 내용으로 만들고 싶습니다. 또 다 읽었을 때는 이 전화번호에 전화를 걸고 싶어지게 하고 싶어요. 전화가 걸려오는 수는 적어도 3천 건을 목표로 하고 싶습니다."

　이러한 지시는 마케팅 담당자이기 때문에 내세울 수 있다. 이 중에는 디자인 처리 등 크리에이터 영역에는 전혀 들어가지 않는다. 크리에이터는 명확한 지시 아래 자존심을 걸고 다양하게 도전할 것이다. '뭔가 좋은 아이디어를 주세요.' 등 막연하게 남에게 맡긴 지시와 달리 훨씬 질 높은 도전 안건이 나올 것이다. 안건이 나왔을 때 마케터는 의뢰에 따른 안건이 되었는지 판단해야 한다.

앞에서 설명한 팸플릿을 예로 말하자면 확인해야 할 것은 다음과 같다.

- 상품명과 함께 ○○의 장점을 깜짝 놀라게 내세웠는가.
- 고객의 △△△한 인사이트에 접근했는가.
- 팸플릿을 든 순간 순식간에 그 마음 포인트가 눌리는 내용이 되었는가.
- 다 읽었을 때 전화를 걸고 싶어지는 내용이 되었는가.

이렇게 마케터로서의 책임을 다해서 크리에이티브 개선 이야기로 진행하면 더 나은 크리에이티브가 확실하게 만들어지기 쉬워진다.

》 최종 판단에서 빠지기 쉬운 함정

시행착오 끝에 크리에이티브 작업이 완성되었다. 마케터로서는 최종 형태를 확인할 때 지금까지의 모든 사고 과정이 반영되었는지 정성껏 확인하고 싶어지는 마음에 사로잡힐 것이다. 그러나 그것이야말로 잘못된 판단을 유발하는 함정이다.

생각해 보자.

그 크리에이티브를 받아들이는 것은 아무런 정보가 없는 고객이다.

최종 판단할 때 가장 중요한 것은 마케터인 것을 잊고 한 사람의 고객으로 변신하는 것이다. 지금까지 얻은 모든 정보를 버리자. 크리에이터로 시행착오를 겪은 경위도 다 지워버리자. 고객은 아침에 일어나서 잠들 때까지 몇 초라도 여러분의 상품과 서비스에 대해 생각하지 않는다. 진심으로 '멍하니 있는' 자신을 만들어내서 텅 빈 마음으로 크리에이티브 워크를 바라보자.

정확히 판단할 수 있는 기회는 처음 한 번뿐이다. 팸플릿이나 패키지의 경우에는 1~3초 정도에 그만 보기 바란다. TV CM 등의 동영상은 절대로 바라보지 않는다. 힘을 빼고 아무것도 생각하지 않는 무의 경지에서 한 번만 보기 바란다.

그때 당신의 눈은 어떻게 움직였는가?

다 보고 나니 무엇이 머릿속에 남아 있는가?

다 본 후에 어떤 마음이 들었는가?

어떤 심리가 있었을까?

그때 몸으로 느낀 것을 자신의 마음도 포함해서 그 사실만을 크리에이터에게 전달하자. 원래 의도한 크리에이티브인지 논의하기 위함이다.

차라리 소비자에게 보여주고 의견을 물어보면 좋지 않을까 하는 질문을 자주 한다. 그렇지만 유감스럽게도 작품을 평가할 수 있는 사람은 전문가뿐이다. 대부분의 경우 자신의 감상은커녕 '이것은 세상에서 화제가 될 것이다'라는 표면적인 비평 코멘트가 돌아오는 것이 고작이다.

최종 판단에서는 마케터가 일반 고객의 입장이 되어 크리에이티브를 만지고 그때의 마음을 객관적으로 파악하는 것이 중요하다.

처음에는 실패할 수도 있지만 훈련을 거듭하면 누구든지 고객으로 변신할 수 있게 된다.

》 고객 한 사람에 대하여 광고를 전달하는 비용은
텔레비전이 싸게 먹힌다

크리에이티브를 발신할 때 어느 미디어를 이용하고 어떻게
조합시킬 것인지도 중요하다. 미디어에 따라 분명히 고객의
시청 태도나 접촉 태도는 다르다. 웹사이트를 볼 때, 매장 앞을
걸어갈 때, 텔레비전을 볼 때, 전단지를 볼 때 고객의 심리는
각각 다르기 때문에 그 특성을 확실히 이해할 필요가 있다. 미
디어마다 시책을 생각하는 사례도 많은데 정보를 접하는 고객
을 어디까지나 한 사람의 생활자로 파악하고 어떻게 소통할지
생각한다는 시점도 빠뜨릴 수 없다. 여기서는 매스미디어 중
에서도 특히 중요한 인터넷과 텔레비전으로 한정해서 설명하
겠다.

TV CM과 인터넷 광고는 오랫동안 대립축에 있었다. 어느 쪽
이 더욱 효과적인지 자주 논의했지만 오히려 중요한 것은 미디
어의 특징을 확인하는 것이다. 그런 다음 적절하게 조합해서
소통을 최대화하는 것이야말로 정답이 아닐까?

TV CM은 비용이 늘어난다는 말을 자주 한다. 예를 들면 주

2회 정도 15초 CM을 전국에 방송해서 전 국민의 70%에게 보여 주고 싶다고 하자. 그 경우 내 경험으로는 광고비로 약 5천만 엔이 든다.

하지만 여기서 말하는 '본다'는 어디까지나 화면상에 TV CM이 나왔다는 것뿐이고 어느 정도 확실히 봤는지는 별개의 문제다. 많은 사람이 관심을 갖는 프로그램일수록 TV CM도 봐 주기 쉬워지는데 이런 프로그램의 스폰서가 되려면 광고비 가격이 늘어난다. 기존 스폰서에 경쟁회사가 있으면 애초에 스폰서로 참가하지 못할 수도 있다. 누구나 좋아하는 방송 시간대를 구입할 수 있는 것은 아니다. 한편 인터넷 광고의 경우 광고 시간대 구입 제약이 거의 없다. 누구든지 구입할 수 있고 적은 금액으로도 광고를 낼 수 있다.

그럼 대상은 어떨까?

텔레비전은 보는 상대방을 상세히 설정할 수 없다. 20~34세의 여성을 나타내는 성별, 나이 구분의 통칭인 'F1층'처럼 대략적으로 대상화할 수는 있지만 정말로 보는지, 봐서 어떤 행동을 하는지 명확하지 않다. 한편 인터넷 광고는 나이와 성별, 거주지, 연봉 등 상세한 조건을 설정할 수 있다. 또한 인터넷 안에서의 움직임에 한하면 시청 후에 어떤 행동을 할 것인지도 뒤쫓아서 분석할 수 있다.

한편 리치(광고 도달 인원수 또는 광고 도달률)를 살펴보면 역시 인터넷과 텔레비전은 특성이 크게 달라진다. 먼저 승부가 결정나는 것은 텔레비전이다. 예를 들어 에스테가 스폰서를 오랫동안 해 온 후지 텔레비전 계열의 월요일 9시 드라마에서 TV CM을 한 번 방송한 경우 약 1천만 명에 도달한다.

의외라고 생각할 수도 있지만 사실 고객 1명에게 광고를 보내는 비용은 인터넷보다 텔레비전이 훨씬 싸게 먹힌다. 몸소 느낀 대로 말하자면 인터넷 광고의 10분의 1 이하다. 또 TV CM의 경우 '전국 방송에서 주 2회 방영에 약 5천만 엔이 든다'고 했는데, 그중 약 60%가 도쿄, 나고야, 오사카 지역에 방송하기 위한 비용이다. 지역을 한정하게 방영한다면 100만 엔 정도로 순식간에 수많은 사람에게 광고를 전할 수도 있다.

나는 '방송한 순간 일을 일으키는 힘'이 압도적으로 크다는 점이 텔레비전의 가장 큰 매력이라고 생각한다. 특히 그 힘은 지상파가 강하다. 텔레비전도 녹화하면 인터넷처럼 좋아하는 시간에 볼 수 있다. 그러나 텔레비전의 경우에는 아직도 수많은 사람이 방송 시간에 실시간으로 시청하며 몇 백 만 명, 때로는 1천만 명을 넘는 사람들이 똑같은 시간에 똑같은 방송을 본다는 상황을 만들어낼 수 있다.

2020년 9월 18일에 방송된 '어나더 스카이Ⅱ ~니시카와 다카노리의 시가(滋賀) 사랑! 할아버지의 모습에 눈물… 페스티벌에 거는 마음~' (니혼 텔레비전)에 맞춰서 '탈취력 CM ~국민 노래 편' (2015년에 제작)을 방송한 결과 일어난 일은 그야말로 텔레비전이기 때문에 실현할 수 있었던 성공 사례 중 하나다.

당시 이 프로그램에 니시카와 다카노리 씨가 출연한다는 정보를 얻고 에스테에서는 30초 CM 시간대를 구입했다. 이 프로그램에서는 매번 출연자가 자신의 인생을 말한다. 내 부하 직원인 하나코(별명)는 니시카와 씨의 엄청난 팬인데 프로그램에서 어떤 말을 할지 추측하여 이 프로그램에 내보내야 할 CM은 소취력 CM~국민 노래 편이라고 제안했다. CM송의 가사는 다음과 같다.

하나라도 좋아

작아도 좋아

당신이 언젠가 웃어 주기 바라

세계를 바꿀 만큼

좋은 사람은 아니지만

공기만은 바꿔서 보여 줄게

나는 소취력(消臭力)

이때의 시청률은 5.9%, 즉 시청자 수로 말하자면 약 7백만 명이다. 전국 방송이라는 큰 힘이 있다고는 해도 고작 30초짜리 방송으로는 특별히 영향도 없이 끝나도 이상하지 않다.

그런데 이때 방송 직후에 트위터는 '이 타이밍에 예전 소취력 CM!', '소취력 CM이 이 프로그램에 딱 어울려'라고 야단법석이었고 순식간에 '소취력'이 트렌드(트위터에서 화제가 되는 주목 키워드)에 포함되었다. 이러한 순간적인 힘으로 일을 널리 강하게 일으키는 것이 텔레비전이다.

텔레비전은 상세하게 대상화할 수 없는 대신 대상 이외의 사람에게도 널리 전할 수 있다. 애초에 대상 설정 자체가 잘못된 경우도 결코 드물지 않다. 그런 의미에서 텔레비전은 '세렌디

피티(serendipity, 우연한 만남)'에 따른 히트를 기대할 수 있는 미디어다.

제2장에서는 내가 지원하는 베스트 개별 학원이 코로나 시대에 돌입한 후 마음에 따른 소통으로 수강생 수를 크게 늘린 사례에 대해 소개했다. '괜찮아요', '함께 계획을 세우자'는 인사이트를 의식한 TV CM을 방송해서 베스트 개별 학원의 인격이라는 세계관을 내세웠다.

그와 동시에 괜찮은 이유와 어떻게 함께 계획을 세울 것인지 등 논리적 설명은 인터넷에서 실시했다. 디스플레이 광고 등으로 자사 사이트에 유도해 그곳에서 정성껏 논리적으로 설명했다. 현재화된 니즈에 대해 확실히 대답하는 것을 인터넷의 역할로 설정했다. 그 콘텐츠를 숙독한 보호자에게서 전화를 받고 직접 만나서 상담회에 참여하게 하여 수강이라는 마지막 전환 행동에 도달한다.

이 커뮤니케이션의 전체 설계도는 '학원 인지'×'학원 특징'×'학원에 다가가는 인격이라는 세계관'×'보호자의 공명'이다.
이를 실현하기 위해서 각 미디어의 특징을 이해하고 가장 큰 성과를 발휘하도록 조합했다. TV CM, 인터넷 광고, 전단지, 온드미디어(자사에서 보유하는 미디어), 실제 고객과의 면담 융합이 그곳에 있었다. 미디어를 접하는 고객의 심리를 이해해서 '텔레비전 VS 인터넷'이라고 대립시키지 않고 융합시켜서 상승효과를 만들어내는 것이 중요하다.

》 고객의 마음에 따라 악성 댓글을 방지한다

인터넷과 SNS의 보급으로 악성 댓글 문제가 커졌다. 이 악성 댓글 대책으로 고객의 마음에 상담하면 해결할 수 있지 않을까 생각했다.

악성 댓글은 미안한 악성 댓글과 당연한 악성 댓글로 크게 나눌 수 있다. 악성 댓글이 쇄도할 때 관계자는 '세상이 혹독해졌기 때문'이라며 세상 탓을 하기 쉽다. 생각건대 세상이 혹독해진 게 아니라 정직한 사회가 된 것이다. 예전에는 약간의 차별을 관대하게 봤던 것을 역시 사람은 평등해야 한다고 하듯이 사회가 정상이 되었다고 이해해야 한다.

크리에이티브라고 한마디로 말해도 그 종류에 따라 고객이 평가하는 엄격함의 정도가 다르다. 고객이 자신의 뜻으로 돈을 내고 보는 것, 예를 들면 영화에서는 살인 장면이 그려져도 화내는 사람이 거의 없다. 한편 무료 콘텐츠는 엄격해진다. 지상파 텔레비전 프로그램은 영화에 비해서 엄격함이 늘어난다. 그래도 자신의 뜻대로 프로그램을 선택하므로 제한 속에서 살인 장면이 허락된다. 무료 콘텐츠에서 가장 엄격한 것은 광고다. 살인은 절대로 허락되지 않는다.

그만큼 엄격한 이유는 첫째로 그 콘텐츠가 보는 사람의 뜻과 상관없이 돈의 힘으로 보여 주기 때문이다. 자신의 뜻으로 보고 싶지 않은 것이 눈앞에 들어오면 분노도 배로 늘어나기 때문에 성가시다. 제한이 걸리는 것도 어쩔 수 없다고 딱 잘라서 마주하는 수밖에 없다. 그런 종류의 크리에이티브라고 자각해야 한다. 표현의 제한이 있는 광고에서 악성 댓글이 쇄도하는 원인의 대부분은 공부 부족과 준비 부족이라고 단언한다. 광고를 제작할 때는 저작권, 초상권, 출연자와 제작자와의 계약이 있다. 이 점을 고려하지 않은 악성 댓글이 여럿 있었다. 이는 솔직히 의논할 가치가 없는 이야기다.

두 번째로 표현할 때 공정 거래 표시법이라는 것이 존재한다. 이것도 규칙이므로 지키는 수밖에 없다. 이에 위반해서 악성 댓글이 달리는 것을 종종 본다. 유감스럽게도 인터넷 광고는 악성 댓글이 달리지 않아도 음침한 종류가 많은 것 같다.

크리에이티브의 표현 규제가 가장 엄격한 것은 텔레비전이다. 광고를 낼 때 '고사'라고 불리는 방송국의 심사가 꽤 엄밀하게 운용된다. 그러나 방송윤리기준에는 '차별하면 안 된다'고만 적혀 있어서 어떤 점이 차별에 해당하는지 제작자 측이 시행착오를 겪어야만 한다. 또한 방송국마다 고사의 심사기준이 다른데 자세히 말하자면 같은 방송국이라도 고사하는 사람마다 기준이 달라진다.

정말로 모호한 세계인 탓에 나는 지금까지 여러 번 방송국과 말다툼했다.

하지만 방송할 때 설명 책임은 방송국과 광고주 모두에게 있으며 시청자의 클레임이나 의견에 제대로 응해야 하므로 고사하는 것 자체가 나쁘지 않다. 덧붙이자면 텔레비전에서 방송되는 것은 이 고사를 통과하기 때문에 문제없지만 고사가 없는 인터넷 세계에서 악성 댓글이 쇄도하는 광고는 사실 이 방송윤리기준에 따르지 않은 사례가 꽤 많다.

그럼 가장 어려운 것이 난관의 고사를 통과했는데도 사람들에게 비난을 받는 광고가 탄생하는 것이다. 이는 윤리와 마음의 문제가 된다.

》》악성 댓글은 상상력의 결여로 생긴다

나에게도 몹시 원통한 추억이 있다. 2007년에 방송한 '무슈다 ~테니스 편'이라는 TV CM이다. 최종적으로 방송을 중지할 수밖에 없었다. 그건 이런 내용이었다.

많은 관중이 지켜보는 가운데 센터 코트에서는 테니스(여자 단식) 결승전이 이뤄진다. 강호 챔피언과 일본인 도전자가 일진일퇴의 사투를 벌이는 가운데 일본인 선수가 양손으로 등을 누르며 경기를 한다. 라켓은 무려 입에 물고 한 발짝도 물러서지 않는 강력한 스트로크로 스매싱해서 승리한다! 일본인 선수는 무심코 양손으로 승리의 포즈를 취하는데 그 순간 등에 두 개의 벌레 먹은 구멍이 있는 것이 드러난다. 벌레 먹은 구멍을 보이고 싶지 않아서 등을 양손으로 눌렀던 것이다.

작품의 질은 높았으며 단순하고 강한 인상을 남기는 TV CM

이었다. 방충제다운 상품 어필 능력도 있었다. 그러나 사실은 기획 단계부터 어딘지 찜찜한 위화감을 느꼈다. 제작진과 그 찜찜함에 대해 논의를 거듭하고 최종적으로 일본인 선수가 활짝 미소 짓는 장면으로 CM을 끝내는 것으로 해결하자고 했다. 지금 생각해 보면 기술론으로 얼버무려서 내 안의 위화감으로부터 외면했다는 것을 알 수 있다. 당시의 나는 아직 진정한 의미에서 크리에이티브 디렉터가 아니었다.

방영 후 얼마 지나지 않아 에스테의 고객상담실에 한 통의 전화가 걸려왔다.

"테니스 광고를 봤습니다. 저는 신체장애자 수첩을 소지하고 있습니다. 특별히 뭔가를 말하고 싶은 것은 아닙니다. 하지만 슬펐어요."

깜짝 놀랐다. '절대로 남을 상처 주지 않겠다'고 결심했는데, 분명히 그 사람의 마음에 상처를 줬다. 그런데도 나는 깨끗이 포기하지 않았다. 경영진이 '철회하는 게 낫지 않겠는가'라고 했는데 '아직 문의 건수가 적다', '발표했으니 마지막까지 이겨내고 싶다'고 끈질기게 버텼다. 그러나 한편으로 망설임도 있었다. 어느 병원 관계자 지인에게 전화를 걸어 사정을 설명하자 상대방은 잘 타이르듯이 알려 주었다.

"이 세상에는 도구를 입에 물어야 생활할 수 있는 사람이 있어. 그런 사람 중에는 20세 정도의 젊은 나이에 죽는 사람도 있지. 그 사실을 알면서도 열심히 사는 사람이 있어. 카게 씨는 그런 사람을 직접 만나보지 않았지? 그래서 모르는 거야. 도구를 사용하고 싶을 때 입에 물 수밖에 없는 사람의 마음을⋯."
"하지만 우리도 티켓을 입에 물잖아?"
"티켓이 도구야?"

그 말을 듣고 내가 얼마나 상상력이 부족했는지 뼈저리게 느꼈다. 방송국 고사를 통과하고 클레임 건수가 적었다고 해도 남을 슬프게 하는 영상을 방송한 것은 분명한 사실이다. 그걸 깨닫고 TV CM 방송 중지를 결단했다.

그 일이 있고 한동안 나는 CM 제작에 관여하기가 무서워서 견딜 수 없었다. 그래서 악성 댓글에 시달리는 사람의 마음은 잘 안다. 그러나 악성 댓글이 쇄도하는 것은 여론이 엄격해서가 아니라 확실히 자신의 부족한 상상력으로 남에게 상처를 준다는 판단을 못했기 때문이다. 이 마음의 문제는 자신의 마음을 사용해서 여러 사람의 입장이 되어 상상하면 해결할 수 있다고 믿는다.

 '악성 댓글이 달릴 것 같으니 그만두자'고 크리에이티브를 버리는 것은 주객이 전도되는 것과 같다. 지키기 위한 준비를 해서 에스테의 TV CM은 성립했다. 그 덕분에 이 테니스 TV CM 외에는 18년 동안 일하면서 악성 댓글이나 클레임 소동이 일어나지 않았다.

 클레임이라는 말에도 함정이 있다. 원래 영어로는 '주장하다'를 의미한다. 옳은 주장에는 귀를 기울여야 하지만 자신의 스트레스 발산이나 쾌감을 즐기기 위한 이른바 '트집'도 실제로는 존재한다. 그 트집에는 굴하면 안 된다. 인터넷 세계에서의 트집에 대처하려면 방송하는 쪽이 확실하게 정면으로 설명할수 있게 준비해야 한다.

유대감을 쌓는 '마음'의 커뮤니케이션

'종적인 시대'의
종언

SNS(소셜 네트워크 서비스)의 보급으로 이제는 고객이 정보를 받는 것에만 그치지 않고 스스로 발신하는 존재가 되었다. 소비자 사이의 입소문으로 브랜드나 상품의 가치를 확인하고 구입을 판단하는 재료로 삼는다. 인터넷에는 고객의 의견이 넘치고 횡적 관계가 형성되어 큰 영향력을 갖기 시작한다. 이로써 기업의 선전부서가 매스미디어를 통한 광고로 일방적인 정보 발신을 하면 브랜드를 구축했던 시대는 확실히 끝났다.

홍보부의 역할도 크게 달라졌다. 예전에는 여론을 형성한다고 하면 전통적인 매스미디어의 전매특허였다. 홍보부가 내세워야 하는 정보는 사내에서 검토되고 쓸 건 쓰고 버릴 건 버렸다. 정보는 매스컴 및 사내 규칙에 따라 자세히 조사했고 매스컴에 주는 발표문이라는 형태로 세상에 내보냈다. 그 무렵 홍보부는 매스미디어의 담당 기자와 우호관계를 구축해 기자 클럽을 통해서 정보를 조절하는 일이 주된 업무였다. 그러나 지금은 모습이 많이 바뀌었다. 기업은 일반 고객과도 우호관계를 형성할 필요가 생겼다.

그래서 각 기업은 다 같이 'SNS 담당' 또는 전문부서를 설치했다. 'SNS라면 무료로 선전할 수 있다', '전하고 싶은 정보를 SNS로 계속 발신해서 확산을 노리자'는 취지의 활동을 여기저기서 보고 듣는다. 하지만 이는 기업이 미디어를 사용해서 정보를 일방적으로 발신한다는 생각의 연장선에 지나지 않는다. SNS 이용자를 단순한 소비자, 고객으로만 파악하는 생각이다. 원래 SNS는 친구나 동료와 대화하는 장소다. 그곳에 기업이 서슴없이 쳐들어와 상품을 선전해도 '마음'이 통한 본질적인 유대감은 생기지 않는다.

옛날과 변함없는 기업 조직의 모습과 소통으로는 SNS 시대를 따라갈 수 없다. SNS 세계에서는 더욱 개인적인 '얼굴이 보이는 관계'가 필요하다. '선전부', '홍보부', 'SNS 담당자' 등 종적 관계로 구분하지 않고 기업으로써 소통 전체의 디자인과 전략을 재검토해야 할 것이다.

예를 들면 트위터에서는 이런 캠페인을 자주 본다.

'팔로우하면 추첨으로 선물을 드리겠습니다.'

팔로워를 늘리기 위한 고육지책일 수도 있는데, SNS를 고객과의 유대감 형성 도구로 받아들이면 이는 주객이 뒤바뀌는 꼴이다. 겉보기에는 팔로워 수가 늘어났다고 해도 거기에 고객과의 유대감은 존재하지 않는다. 경품을 갖고 싶은 마음에 일시적으로 사람이 모였다고 해도 인기가 생긴 것은 아니다.

물론 팔로워 수는 영향력의 바로미터다. 하지만 유대감을 형성하려고 노력해서 얻은 1만 명의 팔로워와 단순히 숫자만 추구한 1만 명의 팔로워는 의미하는 점이 완전히 다르다.

》 고객과의 유대감을 형성하는 SNS와 라디오의 공통점

그럼 유대감은 무엇일까? SNS가 등장하기 전부터 기업과 고객의 유대감이 생기는 미디어가 존재했다. 그것은 라디오다.

불특정 다수의 시청자에게 메시지를 던지는 텔레비전과 달리 라디오에는 '진행자와 청취자'라는 절묘한 거리감이 있는 커뮤니케이션이 존재한다. 진행자는 인간미 넘치는 얼굴이 보이는 존재로 라디오 저편에 있는 청취자에게 말을 건다. 청취자는 자신 개인에게 말을 걸어준다는 느낌으로 진행자의 이야기를 듣고 메일이나 엽서를 보내서 기획에 참여한다. 그 대답에 진행자가 프로그램을 통해서 답장하듯이 이른바 동료로서 정보를 공유한다.

SNS를 통한 유대감 형성은 라디오의 진행자와 청취자의 관계성이 큰 힌트라 된다고 생각한다. 라디오는 물리적으로 혼자서 듣지만 동시에 누군지는 몰라도 동료와 함께 듣는다는 심리도 작용한다. 이런 고객끼리의 횡적 관계가 생기면 그것은 이미 새로운 미디어라고 할 수 있다. 이것이야말로 SNS의 유대감이 아닐까?

》》SNS 탄생 전부터 시작한 유대감 형성

나는 2004년 자사 사이트에서 동영상과 직접 쓴 기사를 적극적으로 발신하기 시작했다. 당시에는 아직 트위터가 존재하지 않았다. 인터넷 문맥을 이해해서 자신의 마음에 침투시키기 위해 연일 블로그를 검색하고 사이트에 올린 콘텐츠에 대한 고객의 반응을 살폈다. 블로그에는 제작한 TV CM이나 사이트에 올린 정보에 관한 인용 및 감상, 의견, 의문 등이 글로 쓰였는데 거기에 기업 쪽 사람인 내가 댓글을 다는 것은 시대의 분위기에 맞지 않았다.

그래서 특정 블로그에 댓글을 달기보다 자사 사이트에서 '답신'을 보내도록 했다. 자사 사이트에 TV CM 제작 의도와 연출 이유 등에 관한 기사와 동영상을 만들어 공개하자 블로그 집필자가 반응하는 방식이 조금씩 생겨났다. 그리고 기업도 세상 사람들과 부담 없이 소통할 수 있는 트위터가 나타났다. 나는 2009년 12월에 '@onetwopanchi'라는 트위터 계정을 개설했다. 이는 기업 계정이 아니라 개인 계정이다. 현재 팔로워 수는 약 1만 5천 명이다. 그다지 많은 것은 아니지만 팔로워와는 매우 깊은 관계성을 구축하고 있다. 이 계정을 통해서 많은 사람과 만났다.

나는 새로운 TV CM을 완성했을 때 월요일 9시 드라마의 첫 방송에서 발표하기로 결심했다. 드라마 첫 회는 시청자의 주목이 집중되기 때문에 그때 새 CM을 방송하면 큰 화제가 되기 쉽다. 인터넷 유저들은 유쾌하고 즐겁게 댓글을 달며 놀았다.

무엇보다도 '첫 방송 때 새 CM 발표'는 내가 직접 정한 규칙이라서 누구에게 약속한 것도 아니다.

하지만 에스테의 CM에 관심이 있는 고객은 암묵적인 양해로 그 사실을 알았다.

어느 날 회사 내부 사정으로 월요일 9시 드라마 첫 회에 새 CM을 발표하지 못한 적이 있었다. '자동으로 싹 탈취 플러그'의 TV CM이었다. 지금까지 CM 방송 때마다 즐겼던 고객에게 뭔가 깜짝 선물을 할 수 없을까 생각했다. 그때 CM에 출연한 구사카리 마유(草刈麻有) 씨가 촬영 현장에서 "오늘부터 새 CM을 방송할 예정이었는데, 준비가 덜 되었습니다. 죄송해요. 다음 주에는 방송할 수 있어요"라고 사죄하는 '사과 CM'을 준비해서 방송했다.

또한 내가 관리하는 웹사이트 '에스테 선전부닷컴'에서 '이번에 시간 내에 완성하지 못한 이유는 저, 당사의 선전부장인 다카다노 토리바(高田鳥場)가 이런저런 일을 잘못했기 때문입니다'라고 사죄하며 '오늘 17일부터는 〈자동으로 싹 탈취 플러그〉의 새 CM을 확실히 방송합니다'라고 글을 올렸다.

인터넷 유저들은 이런 행동을 진심이라고 파악하지 못하고 '실없는 소리'로 이해해서 열을 올릴 것이라고 생각했다.

결과적으로 트위터에서는 큰 반응을 얻었다. '월요일 9시 CM 시간에 못 맞춰'라고 인터넷 뉴스가 되어 뉴스 사이트 '아메바 뉴스'에서는 관련 기사가 접속자 순위 1위를 차지했다. 그 다음주에 새로운 TV CM을 방송했을 때에는 트위터에서 많은 사람이 격려의 말을 해줬다. '방송해서 다행이네요', '에스테일 잘하네', '에스테 좋아요' 등의 호의적인 트윗이 올라왔다. 2010년에 있었던 일이다.

당시에는 아직 유대감 형성이라는 생각이 마케팅 세계에서 별로 침투하지 않았던 점도 있어서 기묘한 수법으로만 보였던 모양이다. 아마 마케팅 업계 사람일 듯한데 '이런 방법은 한 번만 쓸 수 있다'는 비판 코멘트도 꽤 많이 받았다.

하지만 생각해 보면 에도시대에는 공동주택이 있고 우물가 회담도 있었으며 속보를 새긴 기와판(16~18세기 일본에서 천재지변이나 화재, 자살 등 서민의 관심사가 높은 뉴스를 취급한 인쇄물로 찰흙에 글씨와 그림 등을 새겨 기와처럼 구워 사용)으로 마을 사람들이 큰 소동을 벌였다는 말을 들었다. 유대감 형성은 옛날부터 존재했고 중요하게 여겨졌다.

시대가 달라져도 바꾸는 것이 없는 사람의 마음은 확실히 있다. 새로운 도구를 구사할 뿐만 아니라 어떻게 '마음'을 다해서 소통할 것인가가 중요하다.

》 트위터를 통해 형성된 니시카와 다카노리와의 인연

"상품 이미지에 어울리는 유명인을 어떻게 찾나요?"
"어떻게 판단해서 캐스팅하나요?"

이런 식의 질문을 자주 받는다.

내 대답은 '인연이 있었기 때문'이다. 소취력으로 친해진 니시카와 다카노리 씨와의 만남은 트위터가 계기였다.

소년 미겔을 기용한 소취력 TV CM의 방송이 시작된 2011년 4월의 일이다.

나는 시청자의 반응이 궁금해져서 트위터의 타임라인을 계속 바라봤다. 일반적으로 기업 상품이나 CM에 대한 트윗은 하루에 수십 건 정도다. 그런데 이때는 방송과 동시에 수천 건이나 되는 트윗이 타임라인에 넘쳐났다.

눈을 의심케 하는 트윗이 내 계정에 온 것은 방송을 시작한 지 4일 후인 2011년 4월 26일 저녁이었다.

'하아… 누르고 또 눌렀습니다… 다음은 0시에 재개하나 봐요… 한가해서 소취력 CM의 소년을 완전히 따라 했습니다… 투어 때 MC로 선보이고 싶습니다… 소취력~♪'

트윗의 주인은 니시카와 다카노리 씨였다. 니시카와 씨의 팬들이 해당 트윗을 리트윗해서 알려줬다. 이것이 인연의 시작이었다.

나중에 니시카와 씨의 콘서트에 가서 대기실에 방문했다. TV CM 이야기는 일절 하지 않고 지금까지의 콘서트 이야기 등 잡담을 나누던 도중에 놀랄 만한 사실을 알았다.

니시카와 씨는 지진 재해 직후부터 아티스트 동료를 끌어들이고 직접 나서서 부흥 지원 활동에 힘썼다. 지진이 일어난 지이틀 후인 3월 13일의 오후에는 '라이브 무료 중계', '자선 경매', '모금' 등의 구체적인 안건을 제시해서 과제를 정리하며 실현시키기 위해 움직였다.

그 정도로 혼란한 상황에서 팬과 동료를 배려하며 수많은 정보를 판단하며 앞으로 계속 나아가기란 보통 힘든 일이 아니다. 그런 사람을 TV CM에 출연시키면 얼마나 멋질까? 니시카와 씨라면 광고주와 출연자라는 관계가 아니라 한 인간끼리 함께 뭔가를 만들고 그걸로 새로운 것을 만들어낼 수 있을 것 같았다.

니시카와 씨가 TV CM 출연을 흔쾌히 승낙해서 아이디어가 실현되었다. 기획의 골격은 '팬들을 포함해서 모두 함께 만들어내는 TV CM'으로 했다. 일반적인 TV CM은 유저의 의견을 참작해가며 나를 포함한 제작 스태프가 만들어낸다. 그러나 이번에는 니시카와 씨와 니시카와 씨의 팬들과 함께 만들자고 결심했다. 그것이 인연을 만들어 준 팬들에 대한 가장 큰 선물이 될 것이라고 생각했다.

구체적으로는 니시카와 씨의 라이브에 즉흥 게스트로 미겔이 등장하고 둘이서 소취력의 CM송을 부르는 '꿈의 합동 공연 편' 프로젝트가 단번에 진행되었다.

라이브 콘서트장에서 니시카와 씨가 천천히 말을 꺼냈다.

"오늘은 여러분에게 특별한 선물을 준비했어요. C'mon!! Migueeeeeel!!"

그 즉시 미겔의 노랫소리가 울려 퍼졌다. "라-라-라라-♪" 소취력의 CM송을 부르며 CM으로 친숙한 파란 체크 셔츠 차림의 미겔이 등장하자 콘서트장의 팬 여러분이 깜짝 놀라 환성을 질렀다. 장내가 시끄러운 가운데 미겔이 노래하며 니시카와 씨가 함께 노래를 불렀다. 1분이라는 꿈의 공연을 그대로 TV CM으로 만들었다. 수정할 수 없는 단발 승부였다.

TV CM 제작은 기업의 선전 전략의 근간과 관련이 있기 때문에 보통은 극비로 이뤄진다.

수천 명이나 되는 팬들이 있는 라이브 콘서트장에서 촬영하다니 지금까지의 '보통'에서 크게 벗어났다. TV CM 정보를 언론에 공개하는 타이밍도 보통이라면 기업이 세심한 주의를 기울여서 조절하지만, 이번에는 그럴 수 없었다. 촬영 현장을 팬들이 목격하는 것이기에 그 정보는 트위터를 비롯한 SNS를 통해서 일제히 전 세계로 퍼져나갈 것이다.

어떻게 할까 고민했더니 니시카와 씨가 "내가 무대에서 트윗

할까요?"라고 제안했다. 그리고 실제로 무대 위에서 사진을 첨부해 트위터에 올렸다.

'포르투갈에서 긴급 일본 방문! 지금 미겔과「소취력」!'

불과 1~2분 동안 트위터에는 의문과 놀라움이 담긴 엄청난 반응이 퍼져나갔다. 나도 동시에 내 트위터 계정에서 '니시카와 씨가 TV CM에 출연해주셨습니다'라고 보고했다.

그날 늦은 밤까지 내 트위터의 알림은 쉴 새 없이 울렸다. 또 이 모양은 뉴스 사이트 'Yahoo! 뉴스'에서 톱뉴스로 다뤄졌다. 이 CM이 2011년 8월에 가장 호감도가 높은 TV CM으로 1위를 차지했다. 에스테에게도 역사적인 쾌거였다.

그 후 현재에 이르기까지 니시카와 씨는 소취력의 TV CM에 계속 출연하고 있다. 대스타에게 건방진 표현을 사용하겠는데 나에게 니시카와 씨는 저명한 아티스트이기 이전에 '함께 일을 일으켜주는' 동료다. 어딘가 전우 같은 기분도 든다. 니시카와 씨는 늘 함께 기획을 생각하며 촬영 중에 감독이 OK 사인을 내더라도 자신이 납득할 수 있게 더 좋은 표현을 바라며 아침부터 늦은 밤까지 촬영에 임한다. 이미 출연자를 넘어선 제작 멤버의 일원이다.

니시카와 씨는 원래라면 출연자가 참가하지 않아도 되는 CM 편집 현장에도 얼굴을 비춘다. 어떤 때에는 CM 편집 작업을 마친 후 다른 상품의 라디오 CM 녹음이 있다는 사실을 안 니시카와 씨가 "나도 참여할까요?"라며 레코딩 스튜디오에 동행했다. 제작 스태프로서 함께 녹음에 참여해 준 적도 있었다.

2004년에 에스테의 CM 제작에 참여한 이후 2011년까지 유명인이 출연하는 일은 거의 없었다. 그 인기를 빌어서 상품이나 서비스에 매력이 있는 것처럼 보이고 싶지 않았기 때문이다. 이런 사정을 모르는 사람이 보면 에스테는 유명인의 힘을 빌려서 소취력의 인기를 만들어냈다고 오해할 수도 있다. 하지만 니시카와 씨와의 관계는 '광고회사에서 목록으로 만든 유명인에게 제안해서 계약금을 지불해 출연시킨다'는 일반적인 출연 협상과는 전혀 다르다.

전 모닝구 무스메인 다카하시 아이 씨와 다나카 레이나 씨와도 각각 다른 인연이 있어서 TV CM에 출연했다. 유대감 형성

활동은 고객뿐만 아니라 출연자에게도 퍼져나갔다. 공통점은 유명인 출연자와 제작 스태프라는 선이 그어진 관계가 아니라 늘 함께 스태프의 일원으로 제품을 만든다는 점이다.

》 '팔로워'가 에스테 선전부원이 되었다

결국 내 트위터의 '팔로워'가 에스테 선전부원이 되는 일까지 일어났다. 에스테 사원인 '하나코'(별명)는 중학생 때부터 니시카와 씨의 열렬한 팬이었다. 고등학교 2학년의 12월 31일에는 도쿄 국제 포럼에서 열린 송구영신 라이브에 참가할 정도였다. 사실 그날은 사랑하는 아버지의 고별식 날이었다.

역시 라이브에 가면 안 된다고 생각했지만 어머니가 재촉해서 참가했다고 한다. 라이브에 참가하는 동안 슬픔을 잊게 해줬다며 지금도 니시카와 씨에게 고마워하고 있다.

니시카와 씨와 미겔의 '꿈의 합동 공연 편' CM을 촬영한 라이브 콘서트장에도 마침 하나코가 있었다. 트위터에서 주고받은 대화가 현실로 이루어진 것을 기뻐하며 에스테에 가족 같은 감정을 느껴서 결국 실력으로 에스테에 입사했다. 당초 하나코는 정보 시스템부에 소속되었는데 입사 5년 차 때 간절히 바라던 선전부로 이동해서 내 부하 직원이 되었다. 나는 그때까지 내 팔로워가 에스테에 입사한 사실을 몰랐다. 하나코에게서 '언젠가 에스테 선전부에 들어가 일을 통해서 니시카와 씨를 응원하고 싶다'는 꿈을 갖고 입사했다는 말을 듣고 나는 감격했다. 고객과의 유대감 형성에 딱 들어맞는 인재와 설마 이런 형태로 만날 수 있다니 꿈에도 생각지 못했다.

》》 새로운 유대감 형성의 특명 선전부 발족

'좀더 팔로워와 유대감을 형성해서 〈팬 베이스 마케팅〉과 같은 일을 시작하고 싶다'고 하나코에게 의논했다가 심하게 혼난 적이 있다.

"저는 팬이라는 단어를 가장 싫어해요. 뭔가 기업 쪽이 윗사람 같잖아요. 그 말은 쓰지 말아 주세요."

듣고 보니 일리가 있지 않은가? 그녀는 니시카와 다카노리의 골수팬이자 팔로워였기에 고객의 마음을 매우 잘 알았다. 횡적 관계를 형성하는 소중한 활동을 팬이라는 상하관계로 받아들이는 것은 이상하다고 반성했다.

2019년 4월에 '에스테 특명 선전부'를 발족했다. 트위터를 중심으로 모집한 부원과 에스테 선전부가 똑같은 시선으로 활동해서 유대 관계가 생겨났다.

그럼 어떻게 할까. 하나코와 상담해서 2019년 4월에 '에스테 특명 선전부'라는 새로운 클럽을 결성하기로 했다. 주제는 '멋있다'였는데 아무렇지도 않은 일을 한결같이 즐기자는 취지의 모임이다. 여기에 참가하는 모든 사람은 평등하며 그곳에는 상하관계가 없다. 그 덕분에 나와 하나코도 상하관계가 사라져서 부하 직원이었던 하나코는 그날 이후로 가차 없이 할 말을 하게 되었다.

트위터를 중심으로 부원을 모집했더니 곧바로 많은 사람이 응모했다. 에스테 사원보다 훨씬 더 많은 동료가 생겼다. 에스테의 TV CM을 좋아하는 사람이나 니시카와 씨를 비롯해 CM 출연자의 팬들이 주로 참가했다.

부원만 참가할 수 있는 전용 사이트에는 부원들이 그린 일러스트도 아낌없이 사용했다. 특명 선전부에서는 메일로 새 TV CM을 사전에 공지하거나 공개회의라고 칭하며, 새 TV CM과 관련된 감상을 트위터에서 주고받았다. 때로는 크리스마스카드를 자택에 보내는 등 다양한 활동을 하고 있다. 이렇게 해서 2004년부터 시작된 유대감 형성은 온라인 세계에서 형태를 바꿔가며 지금도 지속되고 있다.

》》 온라인과 오프라인의 융합

매년 9월 니시카와 씨가 주최하는 음악 이벤트 '이나즈마 록 페스티벌'이 시가현에서 개최된다. 그곳에는 전국에서 트위터 팔로워와 특명 선전부원도 모인다.

니시카와 씨의 팬클럽처럼 보일 수 있는데, 그들은 모두 동료다. 학교 선생님, 공장에서 일하는 사람, 스낵바의 마담 등 다양한 사람들이 참가한다.

나는 그곳에서 오프라인 활동으로 동료들과 만났다. 페스티벌 당일, 트위터에서 '부채를 만들었으니 시간이 있을 때 콘서트장 안에 있는 에스테 부스로 놀러 오세요'라고 호소했다. 그러자 3일 동안 3천 명이 넘는 사람들이 찾아왔다. 만난 적도 없는 사람들이 스스럼없이 '하나코 씨', '부장님(내 호칭)'이라고 하며 말을 걸었다. 서로 '늘 고맙습니다', '저도 고맙습니다'라고 하며 자연스러운 대화가 이어졌다.

우리는 부채를 선물했는데 반대로 과자와 맥주, 지역 특산물, 소취력 패키지를 모방한 핸드메이드 시계까지 상자 3개 분량의 선물을 받았다. 이런 것은 전부 '팬', '고정객화', '확산' 등 기업의 기획과는 관계가 없는 소통이다. 만난 사람마다 '백중날에는 모두에게 소취력을 보냈어요', '회사의 탈취제는 다 소취력으로 바꿨습니다'라고 웃으며 응원해 주는 관계성은 유대감 그 자체다.

》 마음의 유대가 SNS 확산을 만들어낸다

2019년 초여름에 소취력의 새 TV CM 방송에 앞서서 나와 하나코는 미리 특명 선전부 부원에게 메일을 몰래 보냈다.

'7월 22일 월요일 9시 드라마 시간대에 소취력의 새 TV CM 을 발표합니다! 정식 정보는 당일 오후 3시에 풀리니 잘 부탁 합니다'

부원들은 극비 정보라는 사실을 알기 때문에 아무도 트위터 에서 발설하지 않는다. 방송 시작과 동시에 우리는 다음의 메 일을 보냈다.

'드디어 방송되었습니다. 이 새 TV CM을 기념해서 〈공기를 바꿨다 대상〉을 개최합니다. 트위터에서 공개회의를 합시다.'

그러자 대부분의 부원이 계속해서 주변에서 일어난 '공기가 달라진 사건'을 어떤 사람은 유쾌하고 즐겁게, 어떤 사람은 진 지하게 트윗으로 올렸다.

나와 하나코는 트위터에 연이어 올라오는 코멘트에 답하거 나 '좋아요!' 버튼을 눌렀다. 이는 기업이 마케팅 시책으로 준 비한 '확산'은 아니니 오해 없기 바란다. 트위터라는 공개 장소 에서 떠드는 동료끼리의 대화다. 기업 쪽이 발신해서 이를 고 객이 수신하는 구도와는 전혀 다르다. 그런 활동과 크리에이티브로서 CM이 주는 재미가 화학 반응을 일으켜서 부원 외의 사람들도 CM 감상글을 올려줬다.

리트윗은 점점 늘어나서 트위터의 트렌드에도 들어갔다. 결과적으로 세상에서 말하는 확산이라는 사상(事象)이 일어났다.

참고로 그때 일주일의 누적 숫자는 준비한 동영상이 10만 번 재생되었고 트위터에서의 임프레션 수(다른 유저에게 표시된 횟수)는 1,840만 번이 되었다. 이 숫자는 디지털 광고 등에 돈을 내고 얻은 것이 아니다. 광고비로 환산하면 1억 4천만 엔이었다. 무료로 이 성과를 거둔 것은 대단하다고 보는 사람도 있겠지만 중요한 것은 그 점이 아니다.

정말로 중요한 것은 소취력이라는 상품과 에스테라는 기업, 또 고객과의 사이에 마음의 유대감이 생겨난 점, 그 마음의 유대감 덕분에 이뤄낸 성과라는 점이다. 특명 선전부의 부원들은 단순한 팬이 아니며 확산해 주는 사람이라는 마케팅의 무기도 아니다.

그들은 다 우리의 동료다. 동료가 그곳에 있어 준다는 점이 나와 하나코의 기쁨이다.

≫ 고객과 평범하게 대화할 수 있는 기쁨

선전, 마케팅 업무를 할 때 트위터에서 어떻게 화제를 퍼뜨릴 것인지 전략을 짜서 전개하는 일도 당연히 있다. '어떻게 하면 웹 뉴스에서 화제에 오를 수 있을까?', '자사 사이트의 접속자 수를 늘리기 위한 비책은 없을까?' 이렇게 비즈니스 입장에서의 속셈이 가득한 나도 존재한다. 그러나 이런 것은 가장 중요한 사항이 아니라 무엇보다도 사람으로서의 대화가 중요하다는 점을 많은 사람이 알려 주었다.

내 트위터의 아이콘은 팔로워가 그려준 일러스트다. 감사 인사를 하자 '아이콘으로 써 줘서 정말로 고맙습니다!'라는 답변이 돌아왔다. 이런 고객이 곁에 있어 주기 때문에 소중한 고객을 '타깃(표적)'이나 '소비자'라고 차갑게 뿌리치며 숫자로 환산하는 생각에 빠지지 않을 수 있다. 고객과 살아있는 사람끼리의 대화를 할 수 있는 SNS는 내 보물이다.

정성을 다해 고객을 상대하고 진심으로 기쁨을 주는 것이야말로 마케팅이라고 생각하며 지금까지 활동해 왔다. 그러기 위해서는 고객도 깨닫지 못하는 마음을 반드시 찾아야 한다고 설명했다. 그러나 지금 다시 돌이켜 보면 나도 모르는 마음을 간파해서 도와준 것은 다른 누구도 아닌 고객들이었다. 또한 마케팅에 관여하는 모든 스태프, 출연자들, 사원들의 도움을 받은 점을 깨달았다.

마케팅이란 무엇인가. 그것은 가장 인간다운, 사람과 사람이 서로 주고받는 애정이 아닐까 싶다.

이토이 시게사토(糸井重里)
특별 대담

》》 이토이 시게사토에 대하여

2002년 7월 21일 유키지루시 사건을 다룬 NHK 스페셜 '회사가 신뢰를 잃었을 때 ~유키지루시 사원들의 고투~'가 방송되었다. 불상사가 일어난 기업 안에서 신뢰 회복 운동을 목표로하는 사원들을 뒤쫓은 다큐멘터리 방송이었다. 나도 영상의 피사체가 되었다. 약 3개월에 걸쳐서 밤낮없이 카메라가 돌았고 아마 수백 시간이 녹화된 소재가 50분 정도의 영상으로 편집되어 방송됐다. 그 작품은 사실이기는 하지만 일어난 일의 모든 내용이 부각되지는 않았다.

방송 다음 날, 이토이 시게사토 씨가 직접 운영하는 웹사이트 '거의 일간 이토이신문'의 '오늘의 달링'이라는 코너에서 그 프로그램에 대해 조금 다뤘다는 말을 들었다. 즉시 사이트를 찾았는데, 그 코너는 날마다 갱신되어 백넘버를 볼 수 없었다. 예전부터 존경하던 이토이 씨가 도대체 무엇을 느끼고 어떻게 생각했을까? 나는 어떻게든 알고 싶어서 '글을 볼 수 있을까요?' 하고 거의 일간 이토이 신문 사이트 앞으로 부탁 메일을 썼다.

그러자 놀랍게도 이토이 씨 본인이 '지금 해야 할 일이 한꺼번에 몰렸습니다. 나중에 메일 드릴게요'라고 답신을 줬고 일주일 후에 1,353자나 되는 장문의 메일이 도착했다. 만난 적도 없는 이토이 씨가 나를 위해서 글을 써준 것에 감동하는 동시에 쓰여 있던 내용에 가슴이 벅찼다. 그 내용은 그대로 공개할 수는 없지만 마치 우리와 함께 현장에 있었고 3개월을 함께 보낸 멤버 중 한 명이었던 것 같은 내용이었다. 그 깊은 통찰력에 그저 놀랄 뿐이었다.

분명히 이토이 씨는 방송된 프로그램을 보며 자신의 마음을 써서 무슨 일이 일어났는지 감지했을 것이다. 그 글에는 '기업은 사회에 무엇을 어떻게 약속해야 하는가', '소비자란 어떤 존재인가' 등의 생각이 담겨 있었다. 긴 문장의 마지막에는 '도움이 된다기보다 단순히 방해되는 의견이었을지 모르지만 모처럼의 인연이라 생각하며, 제가 느낀 점을 멋대로 썼습니다. 부디 너무 수고하지 마세요. 건투를 빕니다. 또 언제든지 메일 주세요'라며 위로의 말이 적혀 있었다. 그 말의 따뜻함에 나는 감격했고 격려를 받았다.

그 후 에스테로 이직해서 선전 업무에 종사하게 되었을 때 결심한 점이 있다. 이토이 씨처럼 사람의 마음을 이해하는 마케터, 크리에이터가 되자, 그리고 언젠가 이토이 씨에게 감사 인사를 전하러 가자.

2017년 가을의 일이다. 어떤 마케팅 컨퍼런스에 이토이 씨가 게스트로 나온다는 사실을 알았다. 나는 아직 목표로 내건 인물은 되지 못했지만 감사 인사만큼은 전하고 싶은 마음에 대기실에서 이토이 씨가 나오기를 직립부동 자세로 기다렸다.

이토이 씨가 나왔을 때 머릿속이 백지상태가 되었지만 이전에 메일을 주고받은 일과 지금은 에스테의 선전을 담당하고 있으며 지금까지의 모든 일이 이토이 씨 덕분이라고 감사 인사를 전했다. 이토이 씨는 내 일방적인 이야기를 가만히 들으며 "그렇군요, 잘됐네요"라며 다시 한번 미소 지었다.

그때의 일을 이토이 시케사토 씨는 트위터에 이런 식으로 글을 올렸다.

'그저께 저녁에 엄청 많은 사람이 모이는 이벤트에서 돌아오는 길에 심상치 않은 진지함으로 〈예전에 이토이 씨에게 격려받았다〉며 인사하기 위해 기다린 사람이 있었습니다. 착실하고 예의 바른 분이에요. 성실해 보이는 말투여서 정식으로 인사하자 싶어서 그렇게 했습니다. 조금 기분 좋았어요.'

그 후 닛케이 크로스 트렌드의 기획으로 이토이 시게사토 씨와 대담하는 꿈같은 일이 일어났다.

나는 누구를 만나도 사인을 요구하지 않는데 "오늘만은 봐주세요" 하고 귀중한 사인을 받았다. "말을 써 줄까요?"라며 나를 위해서 잠시 생각하더니 천천히 쓴 글은 '어떻게든(줄 바꿈) 해라'였다.

그 말을 보고 무심코 눈물짓는 모습을 봤을지도 모른다. 이토이 씨는 갑자기 농담을 했고 덕택에 울지 않고 끝났다. 그 농담은 생각나지 않지만 이토이 씨의 다정함이 마음에 확실히 새겨졌다.

이토이 씨는 내 인생을 바꿔준 은인이자 스승이다.

》》 히트 상품을 만들어내는 마음속의 '대중'

카게 코지(이하 카게) 대학에 입학하고 그곳에서 (광고전문지) 〈광고비평〉을 처음 접했습니다. 그 잡지를 보고 이토이 씨를 동경하며 광고 선전의 길을 걸었습니다. 전 직장인 유키지루시에서 사건이 일어났을 때 사실은 이토이 씨에게 메일로 상담한 적도 있어요. 그때 받은 메일은 지금도 소중히 보관하고 있습니다. 이토이 씨는 마케터로서의 저에게 큰 영향을 주셨는데 지금까지 마케팅을 공부하셨나요?

이토이 시게사토 씨(이하 이토이) 거래 상대가 하는 말을 이해할 수 없으면 곤란하기 때문에 따라하기는 하지만 최근 10년 동안을 복습할 때가 많아요. 게다가 그게 사실인가? 하고 느꼈을 때를 위해서 공부하고 있습니다.

소비자를 분석할 때 일단 숫자로 바꾸거나 컴퓨터상의 점으로 변환해서 소비자가 어떻게 움직이는지 떨어진 거리에서 부감하는 것은 확실히 재밌어요.

(성별이나 흥미 관심 등) 속성이라는 것을 몇 가지로 표시해서 물고기가 있는 곳에 투망을 던집니다. (그런 식으로 광고를 배포) 그러면 물고기를 잡을 수 있어요. 확실히 적중하는 정밀도가 높지요. 그건 마케팅을 하는 사람에게 좋을 수 있지만 반대 입장이 되면 장난하느냐는 기분이 듭니다. 마치 맞선 자리에서 앞으로 이것저것 행복해지는 조건을 보여 주고 결혼하자고 설득하는 것과 똑같은 기분이지요.

이토이 시게사토(糸井重里) 특별 대담

카게 마케팅에는 사람의 감정이 없나요?

이토이 마케터가 하는 말은 여기를 막으면 사람은 이렇게 움직인다고 하는 것과 같아요. 물고기를 잡으려면 그래도 될지 모르죠. 하지만 인간끼리 어울리는 자리에서 무례하지 않게 행동하자고 생각하면 그게 서로에게 정말로 하고 싶은 일은 아닌 듯합니다.

카게 이토이 씨는 마케팅 조사는 하지 않으십니까?

이토이 제 마음속에 대중이 있거든요. 상황에 따라 두 가지 입장을 갖지 않나요? 하나는 제공하는 쪽으로 얼마나 효율적으로 많은 사람에게 상품이나 메시지를 보낼까? 그건 그것대로 멋진 일입니다. 하지만 그게 또 다른 입장인 받는 쪽이 되는 경우 기업의 마케팅 의도가 훤히 들여다보이면 물러날 겁니다. 사람은 입장에 따라 보이는 풍경이 달라요. 그래서 받는 사람으로서 단련하지 않으면 기업의 논리로만 마케팅을 해서 받는 사람의 시점을 잃을 수밖에 없습니다. 그럴 때는 자기 마음속의 대중과 대화하는 것이 중요해요.

카게 저는 글로비스 경영대학원에서 마케팅 강의를 담당하고 있는데 학생들 중에는 마케터가 조사해서 그 결과를 근거로 마케팅 시책을 실현해야 하기 때문에 자신의 의견을 넣으면 안 된다고 생각하는 학생도 있습니다. 그 생각을 부수는 데 시간이 걸려요. 어떻게 설명하면 좋을까요?

이토이 선입견이라고 말하고 싶군요. 먼저 전제로 가설을 만드는 사람은 자신이니까요. 가설 없이 숫자를 다 나열해도, 동물의 분포를 위에서 계속 봐도 이끌어낼 수 없습니다.

카게 그럴 때 지식만 풍부한 사람은 이렇게 말합니다. 그건 N=1(1명)이라고 말이죠.

이토이 그래도 영향을 받는 N=1이군요. 어떻게든 하고 싶다는 사람이 있었기 때문에 성공했다는 말은 영향을 받는 N=1의 덕택입니다. 일단 자문자답하는 것이 중요해요. 물을 상품으로 개발하고 그 상품 담당이 되어 직접 생각했지만 어떻게 팔아야 할지 모르겠다. 그럼 소비자에게 물어보자. 이렇게 돼서 알고 싶어지는 욕구가 생기기 전에 조사해 봤자 결론은 나오지 않습니다.

카게 이토이 씨는 어떻게 자신과 대화하십니까?

이토이 '자, 대화하자'라고 생각하지는 않아요. 손 씻기나 목욕은 '수다의 장', 머릿속으로 중얼거려요. 예를 들면 밤중에 갑자기 먹고 싶어지는 음식의 고찰은 지금도 자주합니다. 신맛이 착 감기는구나, 그래도 매운맛과 육수가 관계된 것 같아. 그런 식으로 대화해요.

100년 후에 사용되는 아이디어라도 좋습니다. 지금 하는 일에는 예전에 생각했지만 당시에는 아직 실현할 수 있는 시기가 아니었던 아이디어도 수두룩해요.

카게 이토이 씨가 집필하신 《인터넷적(的)》(PHP연구소)를 다시 읽어 보니 지금의 인터넷 사회를 예언한 것 같아요. 인터넷 계열의 창업가는 돈벌이가 목적이 되어서 거리를 뒀다는 점이 재밌었습니다. 지금도 그 생각은 변함없으신가요?

이토이 돈벌이를 부정하지는 않지만 그게 최고는 아니에요. 최근에 중학생을 위한 워크숍을 견학했습니다. 주제는 '자신이라는 존재는 무엇인가'를 1분 안에 쓰는 것인데, 저는 '자신과 모두가 기쁜 일을 한다'고 썼습니다. 1분 안에 갑자기 글을 쓰면 본질이 나와요. 제 근간에는 '자신과 모두'라는 발상이 있다고 절실히 느꼈습니다.

'자신과 모두' 어느 한쪽이 부족한 경우에는 안 하는 편이 낫습니다. 서프라이즈를 예로 들어볼까요? 왜 서프라이즈라는 즐거움을 주는 방법을 좋아하는 사람이 많을까요? 그 이유는 준비하는 사람도 즐겁기 때문입니다. 상대방에게 기쁨을 주기 전에 자신의 기대가 잔뜩 들어가서 즐거운 겁니다.

카게 이전에 전 소니의 오소네 고조(大曾根幸三, 초대 워크맨 개발자) 씨의 이야기를 들었을 때 '워크맨을 만든 것은 고객이 기뻐하고 나도 갖고 싶어서 만들었다'고 하셨습니다. 이토이 씨의 생각은 그런 오소네 씨의 생각과 공통점이 있네요. 그게 히트 상품을 만들어내는 진수라고 느꼈습니다. 거의 일간 이토이신문에서는 '아스카 시대의 사람도 기뻐할까'도 기획을 진행하는 하나의 기준이라고 들었습니다.

이토이 사람은 달라진다는 말을 지나치게 한 것 같습니다. 어느 시대이든 뭔가의 등장으로 사회가 달라지는 일은 어디까지

나 포지션에 대한 이야기에 불과해요. 저도 그런 말을 한 적이 있을지도 모르겠군요. 그렇게 말하고 글로 쓴 사람도 그대로 살지는 않습니다. 월간 문화지에서 특집으로 다룬 레스토랑에서 담당한 편집자가 여성과 밥을 먹는다고 할 수 없는 것과 마찬가지예요. 사람의 마음은 시대가 달라져도 그다지 변화하지 않습니다. 그래서 아스카 시대의 사람도 기뻐할까를 하나의 기준으로 삼았지요.

카게 자신과 고객 모두가 즐기는 것을 만들어내는 힘이 '크리에이티브'가 되는 건가요?

이토이 그렇게 말하자면 그 말이 다 맞다고 할 수 없습니다. 크리에이티브를 일본어로 하면 저는 '아! 좋은 게 생각났다!'라고 생각해요. 이건 어린아이도 하는 말인데 그게 바로 크리에이티브입니다.

좋은 일을 생각하지 않는 기회나 일은 사회에 많아요. 정해진 규칙이 있어서 이렇게 해야 한다고 마치 기상예보사처럼 매사를 결정합니다. 하지만 그보다 '좋은 게 생각났다!', '말해 봐', '아, 아니네'하고 웃으며 말하고 연어알처럼 많이 만들어내야 뛰어난 아이디어가 탄생합니다. 좋은 게 생각났다!는 쓸데없는 것을 포함해서 생각합니다. 그 속에서 뛰어난 아이디어가 탄생해요.

카게 이전 직장에서는 참가자가 날마다 유행할 법한 것을 보내주는 메일링 리스트를 '무엇인가 유행하는 이런 것(NHK)'으로 부르며 운용했습니다. 그걸 계기로 말한 적도 없었던 사람끼리 회사 복도에서 스쳐 지나가며 웃는 일이 일어났어요. 딱딱한 표현이지만 회사의 매니지먼트에 대해서 어떻게 생각하십니까?

이토이 '좋아요', '그건 아니지 않아?' 가볍게 말할 수 있는 관계가 좋습니다.

거의 일간 이토이신문에서는 2017년 '거의 일간의 어스 볼'이라는 지구본을 발매했다. 근본적인 아이디어는 언젠가 영화에서 봤던 '오다 노부나가가 받은 지구본을 발로 찬다'는 기억이다. 영화 제목은 여전히 모르지만 '지구를 자유롭게 발로 찰 수 있나?' 깜짝 놀라서 지구본이 그런 존재가 되면 좋을 텐데 하고 생각했다.

'거의 일간의 어스 볼'은 2017년 12월 1일에 발매한 비치볼 형의 지구본. AR(확장 현실)을 활용한 전용 스마트폰용 앱을 제공하며 지구본과 함께 사용하면 다양한 정보를 볼 수 있다. 예를 들어 앱의 나라별 정보 콘텐츠를 선택해서 스마트폰의 카메라 렌즈를 지구본에 대면 지구본 위에 각국의 국기가 표시된다. 국기를 탭하면 인구와 통화, 인터넷 이용자율 등을 볼 수 있다.

그런데 이 어스 볼을 회의에서 제안했더니 '잘 모르겠다', '나라면 안 산다'는 의견 등이 나왔다. 이렇게까지 확실하게 반대당한 일은 처음이었다. 하지만 '필요 없다'는 의견이 아무렇지 않게 나오는 것은 좋은 회사라고 느꼈다. 찬성과 반대가 공존하는 기획을 어떻게 해야 좋을까, 내 마음에 불이 붙었다.

매니지먼트를 한다는 의식은 별로 없지만 의견을 서로 말할 수 있는 개방성이 좋은 조직 만들기를 목표로 해 왔다. 자신의 의견에 어느 특정 인물이 불평할 것 같다고 생각하면서도 그 본심을 숨긴 채 회의에서 형식적으로 제안한다면 누구라도 기분 나쁠 것이기 때문이다.

끝마치며

이 책에서는 '마음'이라는 시점을 마케팅에 도입하려면 어떻게 해야 하는지 그 방법을 알려 주었다. 나도 절대적인 정답을 알지 못하지만 한 가지 말할 수 있는 것은 성공했을 때에는 '자신의 마음'에 깊이 숨어들어 고객의 마음과 공명하는 주파수를 알아내서 그 마음에 공을 던졌다는 것만은 말할 수 있다.

물론 수많은 실패도 겪었다. 자신의 마음의 소리에 귀를 기울이지도 않고 마음 없는 일을 했을 때일수록 실패했다.

체계화된 마케팅 수법이나 조사 방법의 한계에 대해서도 소개했다. 그러나 마케팅을 공부할 가치가 없다는 말은 아니니 오해 없기 바란다. 수많은 연구자와 실무가가 시대에 따른 새로운 방침과 수법을 지금도 계속 만들어내고 있다. 마케팅은 시대와 함께 끊임없이 변화하는 살아있는 학문이다. 하지만 프레임워크를 맹신하면 고객의 마음을 잃어버려서 결과적으로 상품이 팔리지 않게 되는 함정이 기다리고 있다.

마케팅이라는 도구를 똑똑하게 사용하려면 자신의 마음에

깊이 숨어들어 대화하는 단계를 빠뜨릴 수 없다. 덧붙이자면 이 마음의 이야기는 마케팅 세계에만 국한되지 않는다. 예를 들어 영업, 접객 등 사람과 관계되는 업무, 또는 개인적인 일에서도 반드시 누군가의 마음이 꿈틀거릴 것이다.

'마음'이라는 존재는 없다.

그런 생각이 있어도 좋지만 '마음'이라는 존재는 있다고 하지 않으면 아무것도 볼 수 없게 될 것이다. 대부분의 사람이 '마음'으로 움직이기 때문이다.

'마음이라는 존재가 있다'고 일단 그것만은 공통으로 이해해야 한다.

이 말은 이토이 시게사토의 저서《생각해 보면 고독은 아름답다》(Hobonichi books)에 나오는 구절이다.

어렵게 생각할 필요는 없다.

그곳에 마음이 있다는 전제로 생각하는 게 첫걸음이다. 자신의 마음을 소중히 다루는 것부터 시작해 보기 바란다. '친구와 대화하기', '영화 보기', '책 읽기', '산책하기', '쇼핑하기'. 이렇게 사소한 일상생활을 정성스럽게 보내야 자신의 마음을 알고 고객의 마음을 이해할 수 있다.

부디 있는 그대로의 '마음'에 깊이 숨어들어 당신만이 얻을 수 있는 깨달음을 충분히 살려서 주위 사람들의 '마음'을 행복하게 해 주기 바란다.

마지막으로 이 책을 간행하는데 많은 분이 협력해주셨습니다. 에스테의 스즈키 다카시 회장님, 이토이 시게사토 씨, 제 인생을 바꿔 주서서 고맙습니다. 에스테 스즈키 다카코(鈴木貴子) 사장님, 늘 따뜻하게 지원해 주서서 깊이 감사 인사드립니다. 닛케이 크로스 트렌드 편집의 나카무라 유스케(中村勇介) 씨, 바바(馬場)기획의 시마카게 마나미 씨 고맙습니다. 이 책은 두 분 없이 만들지 못했을 겁니다. 마지막까지 이 책을 읽어주신 독자 여러분께도 진심으로 감사합니다.

앞으로도 더 많은 기쁨을 제공할 수 있도록 여러분과 함께 노력하겠습니다.

저자 카게 코지(鹿毛康司)

역자 소개 | 박재영

서경대학교 일어학과를 졸업했다. 어릴 때부터 출판, 번역 분야에 종사한 외할아버지 덕분에 자연스럽게 책을 접하며 동양권 언어에 관심을 가졌다. 번역을 통해 새로운 지식을 알아가는 것에 재미를 느껴 번역가의 길로 들어서게 되었다. 분야를 가리지 않는 강한 호기심으로 다양한 장르의 책을 번역, 소개하기 위해 힘쓰고 있다. 현재 번역 에이전시 엔터스코리아 일본어 전문 번역가로 활동하고 있다.

주요 역서로는《1인 기업을 한다는 것》《YES를 이끌어내는 심리술》《경제학에서 건져 올리는 부의기회》《브랜딩 7가지 원칙》《순식간에 호감도를 높이는 대화기술》《부자의 사고 빈자의 사고》등의 다수가 있다.

「마음」을 알면 물건이 팔린다
:마음의 유대가 SNS 확산을 만들어낸다

1판 1쇄 발행 2022년 1월 13일

지은이 카게 코지
옮긴이 박재영
발행인 최봉규

발행처 지상사(청홍)
등록번호 제2017-000075호
등록일자 2002. 8. 23.
주소 서울특별시 용산구 효창원로64길 6 일진빌딩 2층
우편번호 04317
전화번호 02)3453-6111, 팩시밀리 02)3452-1440
홈페이지 www.jisangsa.co.kr
이메일 jhj-9020@hanmail.net

ISBN 978-89-6502-310-4 03320

*잘못 만들어진 책은 구입처에서 교환해 드리며, 책값은 뒤표지에 있습니다.

영업은 대본이 9할

가가타 히로유키 / 정지영

이 책에서 전달하는 것은 영업 교육의 전문가인 저자가 대본 영업 세미나에서 가르치고 있는 영업의 핵심, 즉 영업 대본을 작성하고 다듬는 지식이다. 대본이란 '구매 심리를 토대로 고객이 갖고 싶다고 "느끼는 마음"을 자연히 끌어내는 상담의 각본'을 말한다.

값 15,800원 국판(148×210) 237쪽
ISBN 978-89-6502-295-4 2020/12 발행

리더의 神신 100법칙

하야카와 마사루 / 김진연

리더가 다른 우수한 팀을 맡게 되었다. 하지만 그 팀의 생산성은 틀림없이 떨어진다. 새로운 다른 문제로 고민에 휩싸일 것이 뻔하기 때문이다. 그런데 이번에는 팀 멤버를 탓하지 않고 자기 '능력이 부족해서'라며 언뜻 보기에 깨끗하게 인정하는 듯한 발언을 하는 리더도 있다.

값 15,000원 국판(148×210) 228쪽
ISBN 978-89-6502-292-3 2020/8 발행

외로움은 통증이다

오광조

몇 해 전 영국에서 외로움 담당 장관을 임명할 정도로 외로움은 이제 국가 차원의 문제가 되었다. 이 책은 여러분처럼 외로운 시대를 사는 누군가의 외로움과 고독에 대해 생각하고 정리한 내용이다. 부디 여러분의 고민에 조금이라도 도움이 되기를 바란다.

값 15,700원 신국판(153×225) 245쪽
ISBN 978-89-6502-297-8 2021/1 발행

경매 교과서
설마 안정일

저자가 기초반 강의할 때 사용하는 피피티 자료랑 제본해서 나눠준 교재를 정리해서 정식 책으로 출간하게 됐다. A4 용지에 제본해서 나눠준 교재를 정식 책으로 출간해 보니 감회가 새롭다. 지난 16년간 경매를 하면서 또는 교육을 하면서 여러분에게 꼭 하고 싶었던…

값 17,000원 사륙배판(188×257) 203쪽
ISBN 978-89-6502-300-5 2021/3 발행

생생 경매 성공기 2.0
안정일(설마) 김민주

이런 속담이 있죠? '12가지 재주 가진 놈이 저녁거리 간 데 없다.' 그런데 이런 속담도 있더라고요. '토끼도 세 굴을 판다.' 저는 처음부터 경매로 시작했지만. 그렇다고 지금껏 경매만 고집하지는 않습니다. 경매로 시작했다가 급매물도 잡고, 수요 예측을 해서 차액도 남기고…

값 19,500원 신국판(153×224) 404쪽
ISBN 978-89-6502-291-6 2020/3 발행

꾸준함으로 유혹하라
유송자

단기간에 MDRT회원이 되었다. 꿈 너머 꿈이라고 했던가. 목표 넘어 목표라고 했던가. 100주 만 해보자 하고 시작했던 것이 700주를 넘겼고 1,550주를 향해 달려가고 있다. 뿐만 아니라 2008년 첫 MDRT회원이 되어 14년을 유지해 종신회원이 되었다.

값 16,000원 국판(148×210) 248쪽
ISBN 978-89-6502-304-3 2021/7 발행

주식 데이트레이딩의 神신 100법칙

이시이 카츠토시 / 이정미

옛날 장사에 비유하면 아침에 싼 곳에서 사서 하루 안에 팔아치우는 장사다. '오버나잇' 즉 그날의 자금을 주식 시장에 남기는 일을 하지 않는다. 다음 날은 다시 그날의 기회가 가장 큰 종목을 선택해서 승부한다. 이제 개인 투자자 대다수가 실시하는 투자 스타일일 것이다.

값 16,000원 국판(148×210) 248쪽
ISBN 978-89-6502-307-4 2021/10 발행

주식의 神신 100법칙

이시이 카츠토시 / 오시연

당신은 주식 투자를 해서 좋은 성과가 나고 있는가? 서점에 가보면 '주식 투자로 1억을 벌었느니 2억을 벌었느니' 하는 책이 넘쳐나는데. 실상은 어떨까? 실력보다는 운이 좋아서 성공했으리라고 생각되는 책도 꽤 많다. 골프 경기에서 홀인원을 하고 주식 투자로 대박을 낸다.

값 15,500원 국판(148×210) 232쪽
ISBN 978-89-6502-293-0 2020/9 발행

주식 차트의 神신 100법칙

이시이 카츠토시 / 이정은

저자는 말한다. 이 책은 여러 책에 숟가락이나 얹으려고 쓴 책이 아니다. 사케다 신고가를 기본으로 실제 눈앞에 보이는 각 종목의 움직임과 조합을 바탕으로 언제 매매하여 이익을 얻을 것인지를 실시간 동향을 설명하며 매매전법을 통해 생각해 보고자 한다.

값 16,000원 국판(148×210) 236쪽
ISBN 978-89-6502-299-2 2021/2 발행

세상에서 가장 쉬운 통계학 입문

고지마 히로유키 / 박주영

이 책은 복잡한 공식과 기호는 하나도 사용하지 않고 사칙연산과 제곱, 루트 등 중학교 기초수학만으로 통계학의 기초를 확실히 잡아준다. 마케팅을 위한 데이터 분석, 금융상품의 리스크와 수익률 분석, 주식과 환율의 변동률 분석 등 쏟아지는 데이터…

값 12,800원 신국판(153×224) 240쪽
ISBN 978-89-90994-00-4 2009/12 발행

세상에서 가장 쉬운 베이즈통계학 입문

고지마 히로유키 / 장은정

베이즈통계는 인터넷의 보급과 맞물려 비즈니스에 활용되고 있다. 인터넷에서는 고객의 구매 행동이나 검색 행동 이력이 자동으로 수집되는데, 그로부터 고객의 '타입'을 추정하려면 전통적인 통계학보다 베이즈통계를 활용하는 편이 압도적으로 뛰어나기 때문이다.

값 15,500원 신국판(153×224) 300쪽
ISBN 978-89-6502-271-8 2017/4 발행

만화로 아주 쉽게 배우는 통계학

고지마 히로유키 / 오시연

비즈니스에서 통계학은 필수 항목으로 자리 잡았다. 그 배경에는 시장 동향을 과학적으로 판단하기 위해 비즈니스에 마케팅 기법을 도입한 미국 기업들이 많다. 마케팅은 소비자의 선호를 파악하는 것이 가장 중요하다. 마케터는 통계학을 이용하여 시장조사 한다.

값 15,000원 국판(148×210) 256쪽
ISBN 978-89-6502-281-7 2018/2 발행